서비스 산업 배출 트렌드와 클러스터론: 광대역 클러스터와 소규모 커뮤니티의 시사점

Emission Trends in Service Sectors

Implications for Mega Cluster and small community

김준모

도서출판 지식나무

TO MY LORD JESUS CHRIST

WHO GAVE ME INSPIRATION

머리말

20세기 이래로 산업화가 진전된 지역과 국가들에선 전체 경제 구조와 활동 영역들 중 서비스업이 차지하는 비중을 논하지 않고는 전체 경제의 구조나 다이내믹을 이해할 수 없다는 것이 학계의 이론가들이나 실무 경제 분야에 종사하는 분들 간에 존재하는 공감대의 영역이다. 이 점을 언급하는 이유는 기후변화 시대의 배출 가스 트렌드를 이해하는 데에도 제조업 부문만을 보아선 전체 중 일부분만 이해케 되기 때문이다.

그래서 이 책의 이전 저작인 산성비의 활용과 지역개발에선 주요 국들의 제조업 부문을 중심으로 배출 트렌드를 분석하였고, 후속작인 산성비 시대의 농업배출 가스 트렌드에선 농업 부문에 대한 분석을 시행하였고, 본서에서는 남은 부분 중 하나인 서비스 산업 부문을 분석하면서 지역 개발에 대한 논의를 이어 가고자 하였다.

사실 어느 수준 이상의 산업화가 진전된 이후의 주요국의 경제 구조를 보면, 서비스업과 제조업간의 융합 현상이 뚜렷해지고 있기 때문에 분석면에서 이를 구분하는 것이 점점 더 난제에 해당될 가능성이 존재한다. 본서에서는 활용할 수 있는 데이터를 기반으로 하여 이전 저작에서 다룬 제조업 데이터에 대비되는 서비스 산업 부문에 대한 분석을 시행한 후, 지역개발에 초점을 두어서 가장 보편적으로 여러 나라에서 통용되는 키워드인 클러스터를 중심으로 하여 논의를 이어가고자 하였다. 후반부에는 이러한 논의들을 바탕으로 하여 시론적으로 메가 클러스터에 대한 시사점을 제시해 보고자 하였다. 저자는 과학 기술정책 분야의 연구자이면서도 거기서 한 걸음 더 나아가 보다 실용적인 흐름으로 이 책의 내용이 활용되기를 바라며 이 책을 기획하고 집필하였다. 이 책을 읽는 다양한 독자들로부터 이 논의가 시작되고 실천되기를 바래본다.

2025년 9월

저자

차 례

<표 목차>

<그림 목차>

제1장 서 론

1. 연구의 배경 및 목적

20세기 이래로 산업화가 진전된 지역과 국가들에선 전체 경제 구조와 활동 영역들 중 서비스업이 차지하는 비중을 논하지 않고는 전체 경제의 구조나 다이내믹을 이해할 수 없다는 것이 여러 이론가들이나 실무 경제 분야에 종사하는 분들 간에 존재하는 공감대의 영역이다. 이 이야기를 먼저 하는 이유는 기후변화 시대의 배출 가스 트렌드를 이해하는 데에도 제조업 부문만을 보아선 전체 그림을 부분적으로만 이해케 되기 때문이다.

그래서 이책의 이전 저작인 산성비의 활용과 지역개발에선 주요국들의 제조업 부문을 중심으로 배출 트렌드를 분석하였고, 이어서 산성비 시대의 농업부문 배출 트렌드에서는 농업 부문의 기후변화 시대의 배출 트렌드를 분석해 보았다. 이제 전체 배출 트렌드의 그림을 맞추어 가는 다음 단계로 이 책에서는 서비스 산업 부문의 트렌들를 살펴보고자 한다.

사실 논자들에 따라서 수치상의 차이는 있겠으나, 서비스 부문이 전체 경제에서 차지하는 비중은 매우 크다. 그리고, 최근 들어서의 산업 동향이자 기술변화의 융복합화에 따라서 제조업과 서비스업이 융합되어 구분이 어려워지는 양상이 보임에도 이러한 변화를 세세히 기존의 통계 자료의 틀 속에서 담아내지는 못하는 것이 어느 나라나 공통된 현실이기도 하다.

그렇다면 이러한 제약 조건 하에서 무엇을 하는 것이 타당한 것인가?의 질문에 대하여 이 책에서는 서비스 산업이자 도시 부문으로 분류된 데이터를 분석함으로써 어느 정도 융복합화되어 가는 트렌드도 반영하면서, 이전 저작들에서 분석된 제조업, 농업 부문에서의 배출 트렌드와의 차이점을 모색해 보고자 하는 데 첫 목적이 두어졌다.

이어서 이 책에서는 제조업과 서비스업의 융복합화가 나타나는 현실적이고 경제 지리적인 양태로서의 클러스터 현상에 주목하여 이에 대한 탐구를 하는데에 두 번째 목적이 두어졌다. 물론 클러스터의 개념이나 응용 방안에 대하여는 실로 다양한 접근들이 가능한데, 여기서는 비교적 근원적인(generic) 의미에서의 클러스터의 개념을 활용하고자 하는데, 이를 통하여 기존에 제기된 여러 이론들을 골고루 소개해 보는 데에 도움이 되기 때문이다.

이러한 의도 하에 클러스터와 지역 개발에 대한 여러 이론들을 살펴본 후, 몇 개 국가들의 클러스터들에 대한 논의와 국내에서의 클러스터 논의로 논점을 옮겨 가게 된다. 이 책에서는 기존보다는 더 넓은 광역 혹은 메가 클러스터와 그 안에서의 소규모 커뮤니티의 구성에 대한 논의를 후반부에 제시하였다.

2. 책의 범위 및 내용

이 책의 1장에 이어 2장에서는 서비스 산업 부문의 배출 가스 트렌드 분석을 수행하였고, 이어서 3장에서는 클러스터 이론에 대한 접근을 제시하면서, 주요한 클러스터의 선구적 지역인 프랑스의 소피아 앙티폴리스, 우리나라의 대덕 단지 등의 사례를 살펴보고, 클러스터화가 주는 장점과 제한점에 대한 제시를 하였다.

　4장에서는 논의를 보다 일반화하여 서비스 산업과 제조업 클러스터의 트렌드라는 제목하에서 제조업과 서비스업의 시너지에 의한 경제 성장과 이에 관련된 지역경제학에서의 논의들을 살펴보면서 서비스 산업과 제조업 간의 융합이 가장 선단적으로 이루어져 온 미국을 중심으로 일어난 지역 경제 상의 이동과 산업변화에 대한 과정들을 다루어 보았고, 5장에서는 메가 광역 클러스터의 논의를 제시하였다. 이 책의 마지막 장에서는 간략한 마무리와 정책적 시사점들을 제시하고 있다.

제2장 시계열 데이터로 본 서비스 산업 배출 트렌드

제1절 서비스 산업 부문의 배출 가스 트렌드 분석

1. Spectral Analysis of 50 yr Service sector emission data[1]

이 책 이전에 출간한 배출가스 데이터를 다룬 책에서는 제조업과 농업 부문의 배출 가스 트렌드를 스펙트럼 분석을 통하여 주기를 찾는 노력을 제시하였다. 여기서 활용된 데이터에는 제조업, 농업 부문은 명시적으로 구분된 반면, 서비스업 부문은 이 부문이 특정되는 대신 "빌딩"(Buildings)으로 표기되는 시계열 데이터에 질소 화합물, 메탄, 이산화탄소, 온실가스의 데이터가 제시되고 있다. 서비스 산업은 대부분의 산업화된 국가의 경제에서 차지하는 비중이 70%가 넘는 경우가 많고, 대부분 도심 지역에서 수행되는 활동들이기 때문에 본서에서는 빌딩 부문으로 표시된 데이터 시리즈를 서비스 산업의 중요한 대체 데이터(proxy)로 판단하여 스펙트럼 분석을 실시하였다.

1) Spectral Analysis of Carbon Dioxides

전 세계 약 210개국의 데이터에서 서비스업 부문의 배출 가스 데이터를 중심으로 분석해 본 결과, 이산화탄소의 배출 트렌드 상 나타나는 주기는 다음과 같았다.

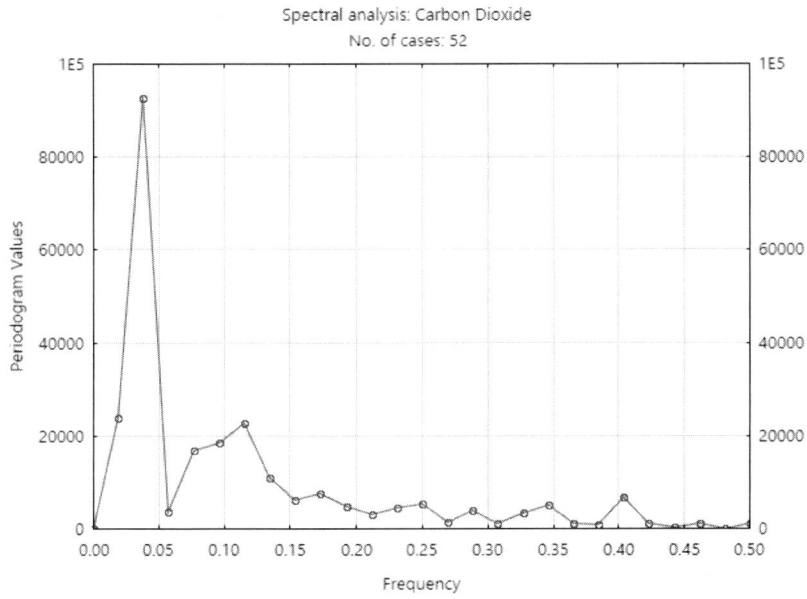

그림 2-1 서비스 산업부문 이산화탄소 주기

서비스 산업 부문의 경우, 그림 2-1에서 스펙트럼 분석 상의 빈도는 약 0.039인데, 이는 주기 상 약 25.6년의 주기를 갖는 것을 의미한다. 이점은 그림 2-2에서 작은 피크들이 나타나다가, 데이터의 시작시기인 1970년부터 약 25.6년 뒤인 1996년까지 큰 주기를 이룬

후, 급감하는 추세를 보이고 있다.

즉, 이산화탄소의 경우엔 여러 국가들 간의 국제적 노력과 경각심으로 인하여 서비스 부문의 경우, 상당한 통제의 효과 즉 정책적 효과가 나타나고 있음을 의미한다고 볼 수 있다.

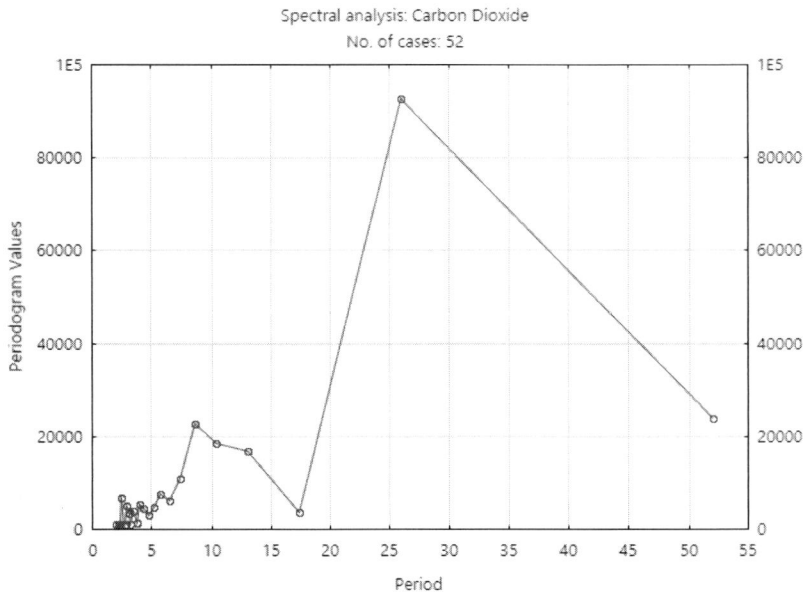

그림 2-2 서비스 산업부문 이산화탄소 50년간 추이

이에 대비하여 전작 산성비의 활용과 지역개발에선 제조업 부문의 1970-2021년 기간의 이산화탄소 배출 주기는 약 50년이었고, 1970-2021년 기간 동안 증가세를 보이고 있어서, 기후 관련 학계에서 언급되어 온 1.5도씨 가설이 주는 의미를 반증하고 있다. 다만,

제조업의 경우에도, 1995-1996년을 기점으로 증가세가 완만해지는 트렌드를 나타내었다.[2]

2) 서비스 부문 온실 가스 트렌드

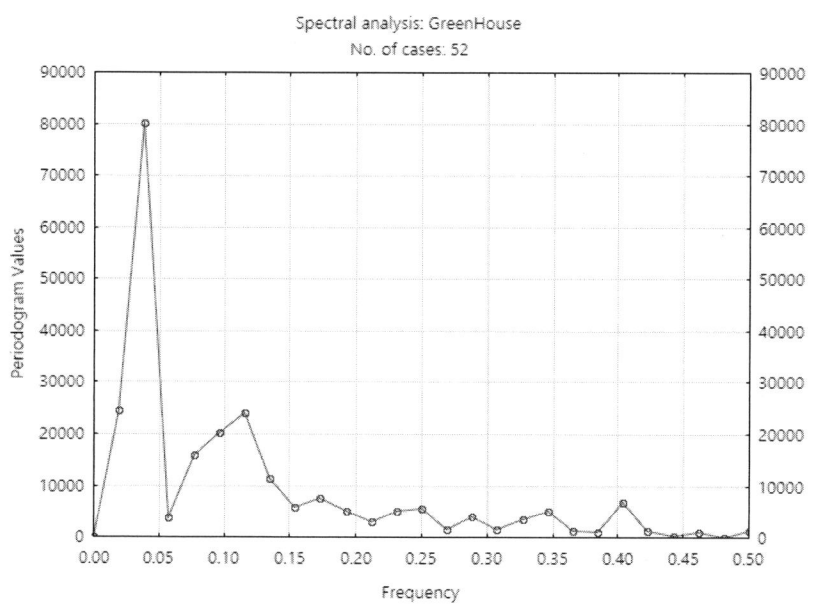

그림 2-3 서비스 산업부문 온실가스 주기

　서비스 산업 부문 온실가스의 배출 트렌드 주기는 스펙트럼 분석 결과로는 이산화탄소의 경우와 매우 흡사하게 약 0.039의 주기를 나타낸다. 이는 약 25.6년의 주기를 갖고 최근 데이터 상에 나타나고 있는 상황인데, 그림 2-4를 보면 이점이 나타나 있다.

　온실가스의 경우도 1970년의 데이터 시작 시점 이후 1996년경에 피크를 나타낸 후 감소 추세에 접어드는데, 감소의 기울기는 급격한 편이다. 이에 비견되는 제조업의 트렌드의 경우, 약 40년의 주기를 나타내었고, 1971년 이후 약 2020년경에 피크를 보였다.3) 즉, 제조업 부문 대비하여서는 서비스 산업 부문 또는 도시 부문의 온실 가스 감소가 보다 통제권 하에 있었던 것으로 해석된다.

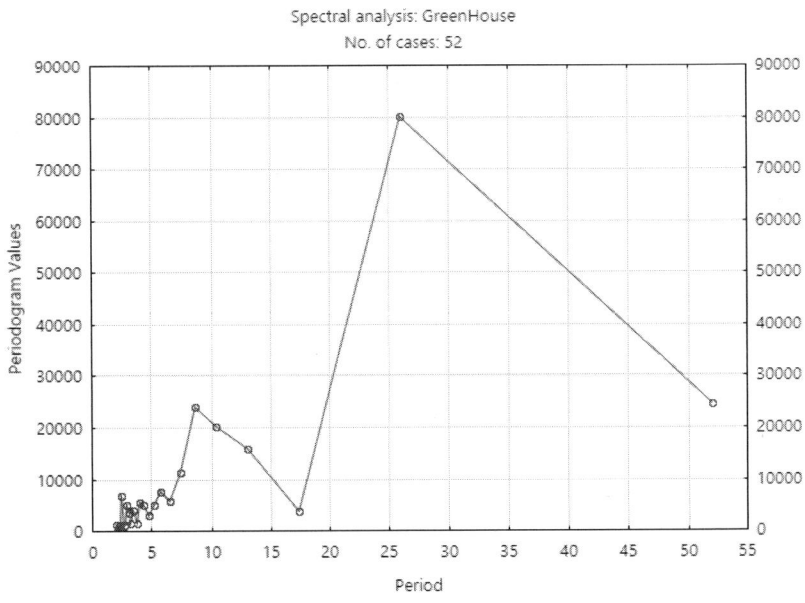

그림 2-4 서비스 산업부문 온실가스 50년간 추이

3) Methane gas

서비스 산업 부문의 메탄가스는 그림 2-5에서 보듯이, 약 0.019의 빈도값을 보이는데, 이는 주기 상 약 52년의 사이클을 예견해 주는 것으로 그림 2-6에서 보면 2022년경 즉 수평축의 50을 넘어서 약

52 부근에서 최정점을 이룬다. 데이터 시작을 1970년경으로 보면 약 2022년 정도에 정점에 이르는데, 제조업 부문의 메탄가스는 1990년경을 정점으로 하여 감소추세가 시작되는 면이 제시되었고[4], 반면 농업 부문 배출 데이터 분석에서는 동 시기의 데이터에서 약 50년 주기에 정점을 2022년경에 이르는 트렌드여서 위협적인 상황이었다.[5]

즉 메탄가스 배출 트렌드는 농업부문이 가장 통제되지 못하고 있는 상황이고, 제조업이 가장 먼저 통제되기 시작한 면이 있고, 도시 및 서비스 산업 부문은 농업 부문과 같이 2022년경에 이르러서야 정점에 도달하는데, 그 중간 기간의 증가세는 서비스 산업 및 도시 부분이 1987-1995년 기간에 더 급격히 이루어지고 있는 점이 주의를 요한다고 볼 수 있다.

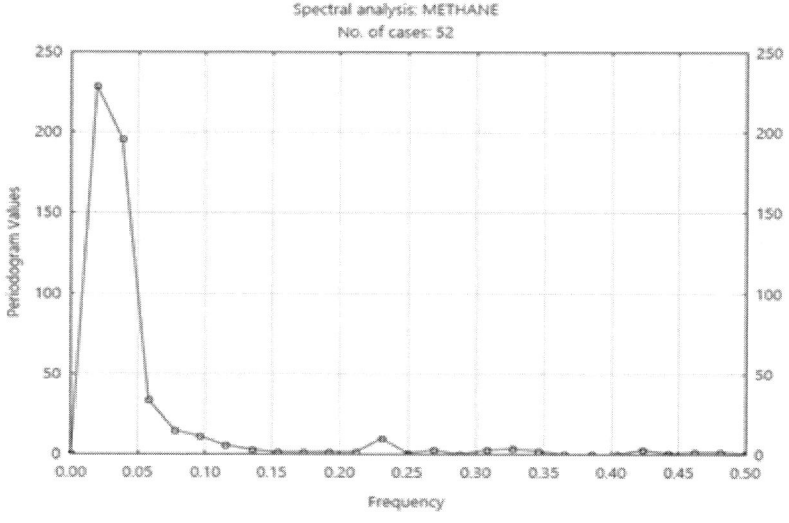

그림 2-5 서비스 산업 부문 메탄가스의 주기

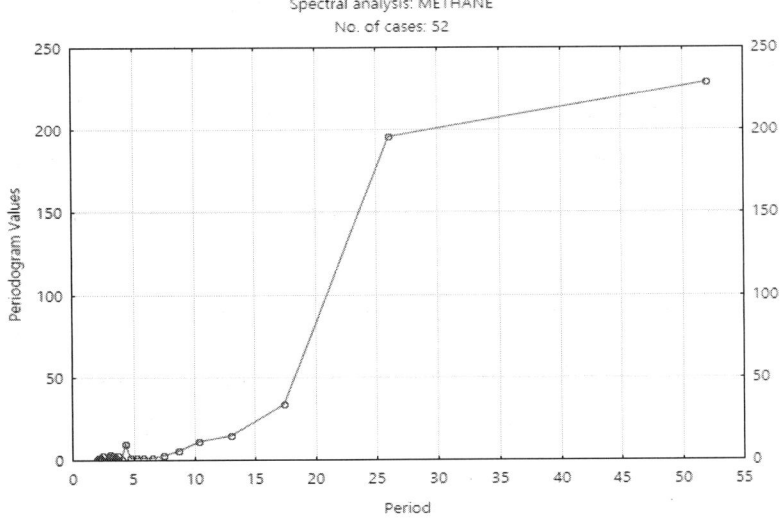

그림 2-6 서비스 산업 부문 메탄가스의 50년 추이

4) Nitrous Oxides

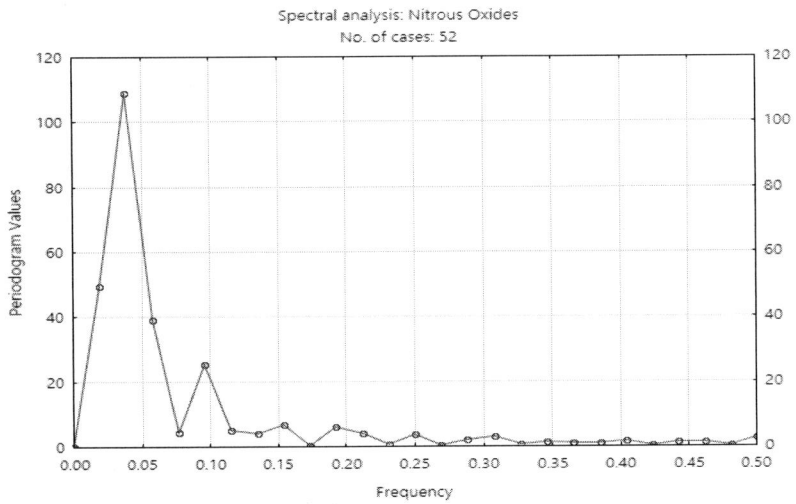

그림 2-7 서비스 부문 질소산화물 주기

서비스 부문 질소 산화물은 그림 2-7에서 빈도 상 약 0.039를 보이는데, 이는 주기상으로는 약 25.6년으로 그림 2-8에 나타난다. 제조업 데이터 분석에서는 약 50년의 주기를 나타내어 2022년경에 정점에 이르는 것에 비하여 서비스 산업 부문에선 약 1996년경을 정점을 감소하는 추세이다.6) 농업 부문도 제조업 부문과 마찬가지로 50년 주기를 나타내어 2022년을 정점으로 감소하는 추세로 제시되었다.7)

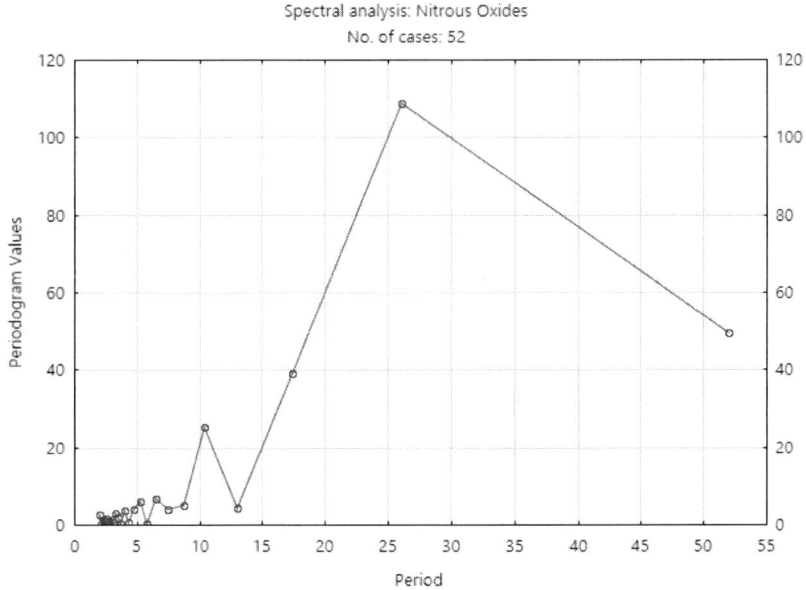

그림2-8 서비스 부문 질소산화물 50년간 추이

제2절 클러스터 분석과 스무딩

Cluster Plots: Spectral Analysis of Service sector emission with annual change rate

제1절에서 스펙트럼 분석을 시행해 본 이후, 제2절에서는 시계열 데이터 기반의 클러스터 분석과 스무딩을 시도해 보았다. 1970-2021년의 데이터의 연간 변화율을 기반으로 분석을 시도하였고, 클러스터 분석을 통하여 국가들의 그룹 형성으로 살펴보고자 하였다. 본 분석은 Numerical Taxanomy의 방법론의 하나로 제시할 수 있다.[8]

하단의 cluster analysis는 4개의 배출가스의 시계열적 유사성을 본 것이다.

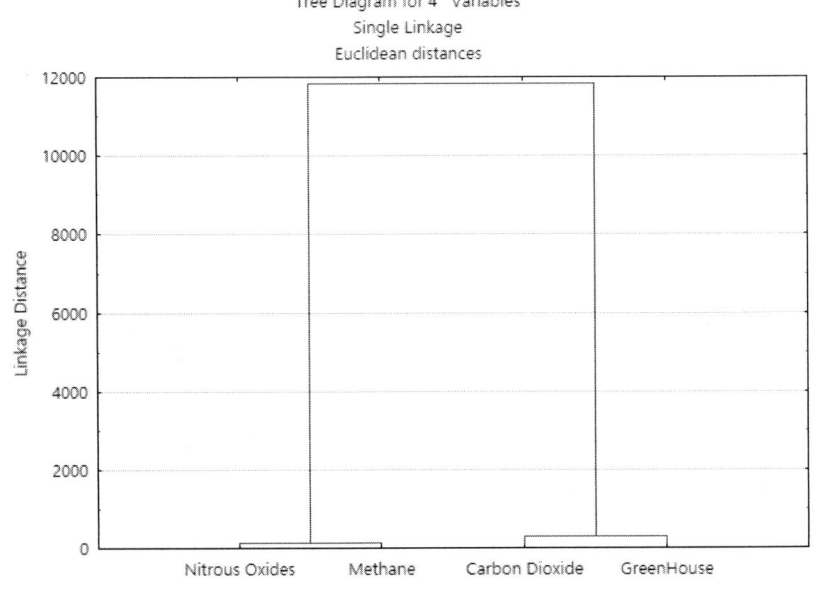

그림 2-9 주요 4개 배출 가스의 시계열적 연근도

질소 산화물, 메탄가스, 이산화탄소, 온실가스의 시계열 데이터의
연간 변화율을 클러스터링 해본 결과 그림 2-9와 같이 질소 산
화물과 메탄가스의 변화 패턴이 연근도가 높고, 이산화탄소와 온
실가스 간에도 연근도가 높게 나타났다. 이제 이러한 특성을 다
른 접근법을 통하여 검토해 볼 수 있다.

그림 2-10에서 보면 이산화탄소와 온실 가스는 거의 공변하고 있
다. 이 특성이 위의 그림에서 본 시계열 데이터 기반의 클러스터링에
서 이산화탄소와 온실 가스가 같은 그룹에 입지하게 되는 것과 같은
양상이다.

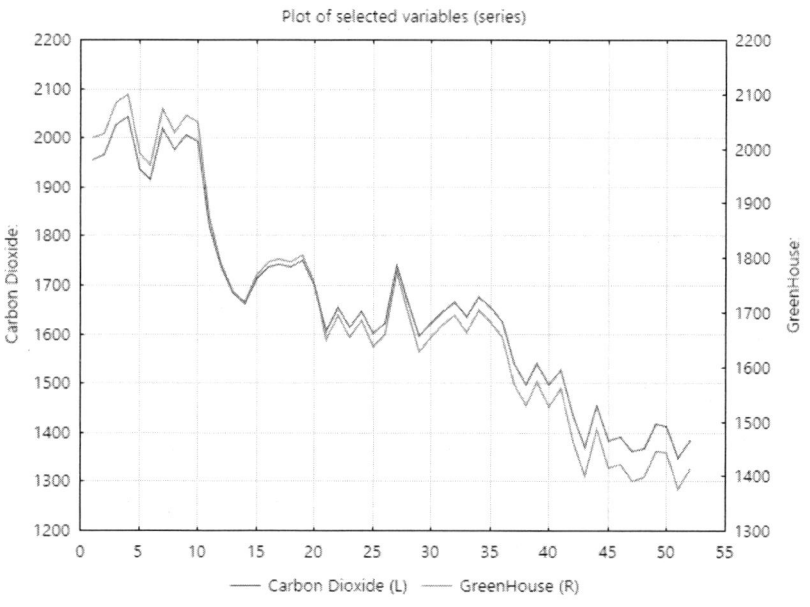

그림 2-10 서비스 부문 이산화 탄소와 온실가스의 공변

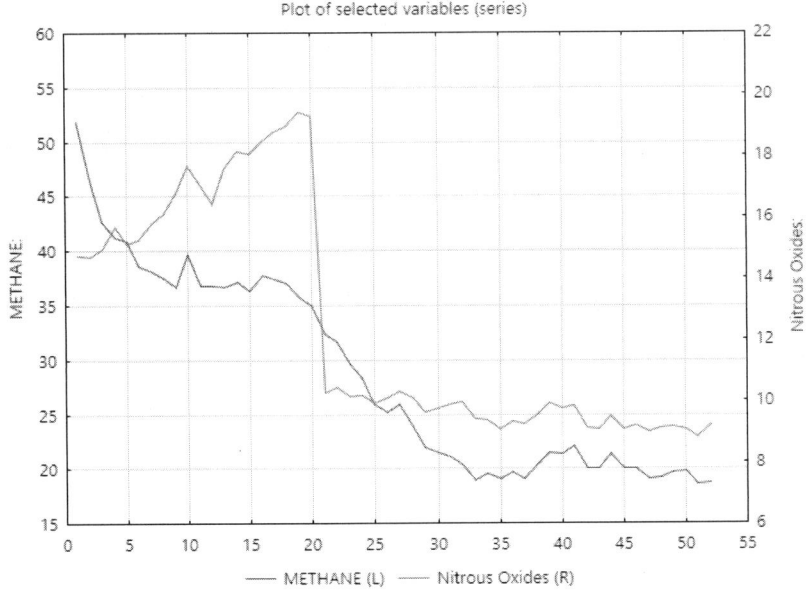

그림 2-11 서비스 부문 메탄가스와 이산화탄소 공변

그림 2-11을 보면 메탄가스와 질소산화물이 나타내는 공변의 양상을 보여 준다. 1990년 이후 즉 데이터 상으론 시기 20 이후엔 눈에 띄게 공변을 보여 주며, 그 이전 즉 1971-1990년 시기인 0-20년 기간도 질소 산화물의 경우, 증폭되는 시기에 크게 상승하고 있어서 공변을 안하는 것으로 보이나, 사실상 같은 시기에 공변하고 있는 상황이다. 따라서 그림에 소개된 클러스터링이 유효하다고 볼 수 있고, 한 개 이상의 접근법으로 배출물들의 트렌드를 비교해 보는 것이 필요함을 시사해 주고 있다.

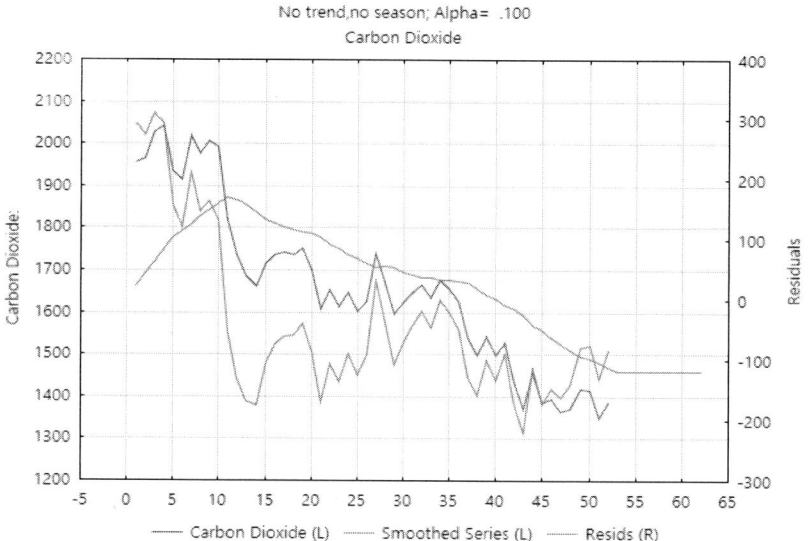

그림 2-12 서비스 부문 이산화탄소 배출 트렌드의 스무딩

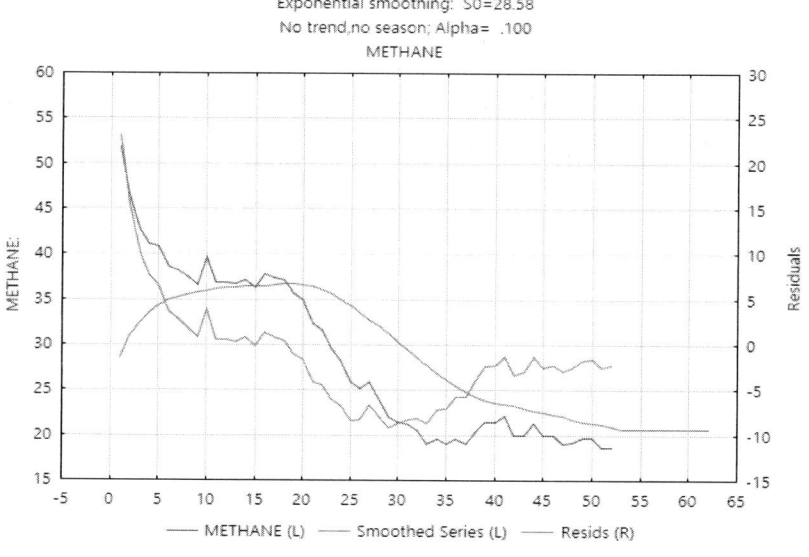

그림 2-13 메탄 가스 배출 트렌드의 스무딩

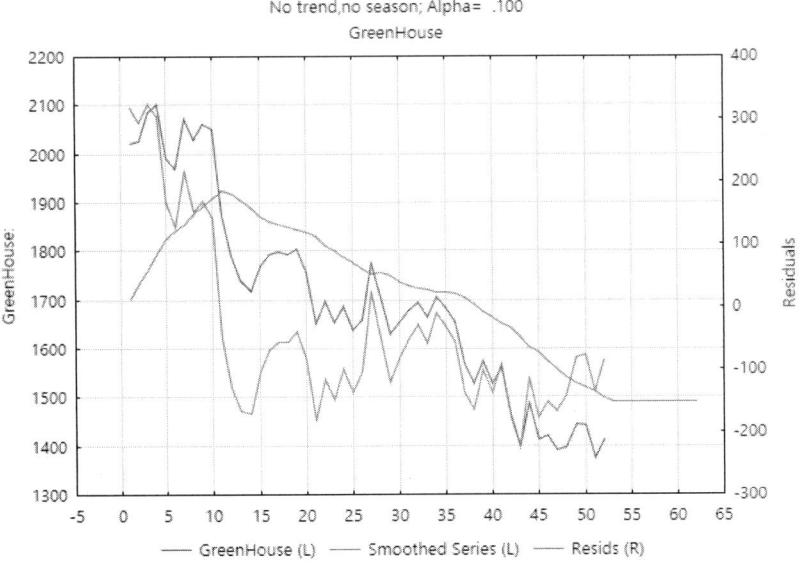

그림 2-14 온실가스 배출 트렌드의 스무딩

그림 2-12, 2-13, 2-14 에서는 각각 이산화탄소, 메탄가스, 그리고 온실가스의 스무딩 결과를 보여주고 있다.

제3장 클러스터 이론에 대한 접근

제1절 클러스터 이론 개관

1. 클러스터의 기본 이론

1) 클러스터의 개념

클러스터의 개념은 논자에 따라 다양하게 제시될 수 있을 것인데, 본서에서는 클러스터하면 많은 사람들이 곧 머리에 떠올리는 마이클 포터(Michael E. Porter)의 개념을 소개하고자 한다. 포터는 "A cluster is a geographically proximate group of interconnected companies and associated institutions in a particular field."라고 정의하고 있다. 즉, 특정 분야에서 지리적으로 근접한 상호연계된 회사들과 관련 기관들의 집합 또는 그룹을 클러스터로 제시하였다.9)

이 개념화에서 주목할 만한 맥락들을 찾아 볼 수 있는데, 첫째는 '지리적'이라는 문구이다. 사실 포터는 지리학 분야의 학자가 아니며, 지리학에는 경제지리라는 분야가 있기 때문이다. 이 이야기를 하려면, 먼저 현재의 주류 경제학이 한계혁명(marginal revolution)이라 불리는 방법론적 전환10)을 하기 이전까지는 공간이라는 변수가 전통적인 경제학에서 의미를 지니고 있었으나, 한계혁명으로 근대 물리학의 방법론과 수학을 통한 고도화가 이루어지면서11), 공간이라는 변수가 사라지게 된 배경이 존재한다. 이에 비견하여 지리학에서는 공간 개념이 경제지리라는 분야로 이어져 왔는데12), 경제 지리 현상이라 볼 수 있는 클러스터의 개념13)을 전세계적으로 히트시킨 것은 경영학 분야에 있던 마이클 포터였던 점이 독특하다고 할 수 있다.

둘째는 상호 연관된 기관들, 회사들의 요소이다. 과학기술정책에 자주 등장하는 지역 혁신체계14) 라든가, 네트워크 등 유사하거나 비견 될만한 다른 개념화에서 종종 등장하는 요소인데, 이들 기관들 간의 관계가 어떻게 연결되느냐가 관건이라 볼 수 있다. 포터의 클러스터에선 유인 구조가 클러스터에 속하는 것이 훨씬 유리하게 작동한다는 것을 인지하는 데에 있다. 이 점이 다른 네트워크 현상보다 보다 직접적으로 언급되어 있다. 또한 여기에 속하는 기관들은 공공 기관들도 포괄하게 된다.

세 번째의 특징은 위의 개념화와 같이 포터에 의해 자주 인용되는 본인의 표현으로 다음의 표현을 보면, "The enduring competitive advantages in a global economy lie increasingly in local things —knowledge, relationships, motivation—that distant rivals cannot match." 지속적으로 유지되는 경쟁적 우위는 매우 지역적인 것들에 있는데, 그것들은 지식, 관계성, 그리고 동기 부여이며 이것들은 멀리 입지한 경쟁자들이 따라올 수 없는 것이다.라고 제시하고 있다.

여기서 주목할 표현은 "competitive advantage"15)표현인데, 이는 경제학에서 일관되게 주장되는 comparative advantage16)와는 확연히 다른 다소 경영학적 맥락의 표현인데, 경제학에서의 비교 우위는 어느 국가나 지역에 타고난(endowed) 특성을 의미하기 때문에 다소간 숙명적이다. 즉, 비교 우위를 잘 활용할 대책을 마련하는 것이 기업과 사회의 책략이 된다. 이에 비하여 포터의 경쟁적 우위는 다분히 적극적으로 비교 우위의 요소에 국한되지 않고, 영역을 확장

할 수 있는 여지를 나타낸다.

넷째로 주목할 요소는 정부의 역할이다.17) 포터의 클러스터 개념
화에서는 정부의 역할이 존재한다. 즉, 아담 스미스 유형의 작은 정
부만을 주장하는 것도 아닌 상황이다. 이를 좀 더 자세히 보기 위해
정부의 역할을 몇 개의 유형으로 나누어 보면 다음과 같다.

표 3-1 정부의 역할

Capitalism 1.0	Laissez Faire	-Small gov't -Invisible Hands of the market	Adam Smith David Ricardo
Capitalism 2.0	Capitalism Corrected	-Active Gov't -Gov't intervention in the market -market failure -Industrial policy	J.M Keynes
Capitalism 3.0	Neo Liberalism	-Gov't failure is much serious than market failure	Milton Friedman
Capitalism 4.0	New Suggestion	-Gov't failure and Market failure coexist	Anatole Kaletsky

위 표는 칼레츠키가 제시한 자본주의의 유형화18)인데, 포터의 클
러스터 이론은 위의 유형화에서 어느 한 유형에 완전히 속하지는 않
는다. 포터 자신이 클러스터와 관련하여 큰 틀에서 작은 정부를 지향
하는 1.0이나 3.0 스타일의 거시 경제 정책을 추진하는 것뿐 아니라,
산업 정책과 같은 2.0류의 정책도 주문하고 있고, 여러 분야에서 정
부의 개입을 요청하고 있다.19)

2) 클러스터 형성의 유형들

클러스터는 어떻게 형성 또는 발생하는가? 몇 가지의 경우들을 제시해 볼 수 있다.

(1) 천연 자원(Natural Resources)의 입지

천연 자원의 입지를 중심으로 산업 클러스터가 형성된다. 이점은 경제 지리 분야에서 사실 지난 100년간 변함없는 '지식'인데, 오늘날의 클러스터 형성에도 동일한 논리가 적용 된다.[20]

(2) 역사적 유산(Historical Legacy)

이전 시기에 어떠한 기능을 수행하던 도시나 지역이 그 기능을 계속 이어 받으면서 클러스터가 되는 경우를 말한다.[21] 미국에서는 시카고 지역의 식료품 가공, 육류 가공업[22]을 그 예로 들 수 있다. 미국 건국 이후, 철도를 부설하는 토목 사업이 진행되었는데, 미국의 중부에 입지한 시카고는 여러 철도 노선들이 교차하는 입지의 특성상 부패하기 쉬운 육류를 도축 이후 최대한 신속히 다른 지역으로 이동 시킬 수 있는 장점을 가진 곳이었다. 도로 운송은 철도보다 발달된 시기가 늦으므로, 철모의 중심지가 이 역할을 담당한 것이 계기가 되어 시카고는 음식물 가공, 육류 가공의 클러스터가 된다.[23]

(3) 행운과 우연(Luck & Serendipity)

역사적 전통이나, 배후 산업, 천연자원이 없는 경우인데, 우연한 기회에 클러스터가 되는 행운을 누리는 지역도 발생한다.[24] 미국의 경우, 텍사스 주의 Galveston은 보험 산업 클러스터로 불리는 데, 그 연유는 미국에서 석유가 발견되는 시기에 멕시코만에서도 유전이 발견되어, 해상 시추 사업이 시작되었고, 이 사업에는 각종 사고가 빈번케 되어, 갤베스톤을 중심으로 보험 회사들의 업무가 많아진 것이 클러스터화되는 계기가 되었다.[25] 이처럼 행운으로 불릴 만큼 전혀 보험과 무관했던 작은 도시가 보험의 중심지가 되는 경우이다.

(4) 정부 규제

정부 규제의 사각지대가 어느 업종에게는 집적의 효과를 부를 수 있다.[26] 미국의 델라웨어주의 윌밍턴은 카드 업계의 영업지로 클러스터화 된 사례로 소개되고 있다.[27] 사실 델라웨어주는 인구 면에서 매우 작은 주인데, 세법상의 특수성으로 인하여 신용카드 업계가 입지하기에 유리한 지형이 형성된 점이 클러스터화의 디딤돌이 되었다.

2. 클러스터의 요건들

앞항에서는 다양한 유형의 클러스터화를 보았는데, 보다 일반화된 관점에서 클러스터가 갖추어야 할 요건들을 살펴보면, '창출된 자산'과 '타고난 자산'으로 구분할 수 있고, 창출된 자산에는 우수한 대학들, 연구기관들, 기업가적 문화, 인재, 인재 유입을 유인하는 살기 좋은 커뮤니티의 형성. 그리고 네트워크의 존재[28]를 제시할 수 있고[29], 타고난 자산으로는 그 지역의 지리, 기후, 인구를 들 수 있다.
이러한 요건들이 클러스터 형성에 주는 영향에 대하여 상관관계를 입증한 연구가 있는데, 리차드 플로리다는 'Geography of Talent'

라는 주제로 우수한 인재들이 모이는 지역에 대한 연구를 제시하였
다.30) 그는 인재가 모이는 곳의 특징적 변수들로 다양성, 인적 자본
의 진입 장벽, 문화적 향유(Cultural Amenities)31), Coolness
index 등을 제시하고 있는데, Coolness index는 문화적 향유와
nightlife로 표현되는 퇴근 시간 이후의 생활의 질을 반영하는 합성
지표로 이해된다.

Inherited Assets	Created Assets
Geography	Top universities
Climate	Research centers
Population	Entrepreneurial culture
	Talented people
	Livable communities
	Networks

그림 3-1 클러스터의 조건들

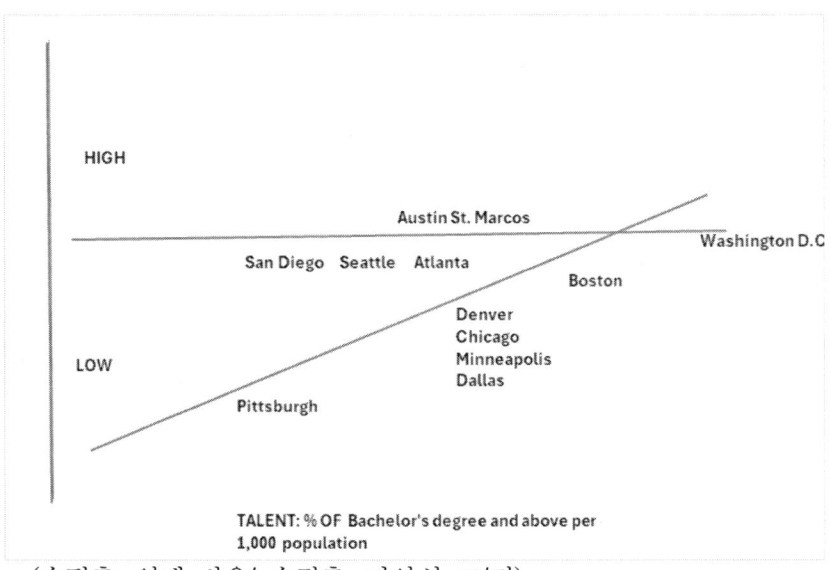

(수평축: 인재 비율/ 수직축: 다양성 고/저)

그림 3-2 인재 비율과 다양성

그림 3-2에서 Talent는 인재들, 이 연구에서의 조작적 정의로는 인구 1000명당 학사 학위 또는 그 이상 학위 소지자 비율이고, 다양성은 인구학적 사회적 다양성을 반영한 지표인데, 가운데의 추세선을 따라서 두 변수 간에 양의 상관관계가 존재함을 알 수 있다. 즉, 인재가 많은 지역이 다양성이 높고, 다양성이 높은 지역에 인재들이 몰린다는 관계이다. 관련하여 다른 그림 3-3을 보면, Coolness index[32]와 인재 간에도 상관관계를 확인할 수 있다.[33]

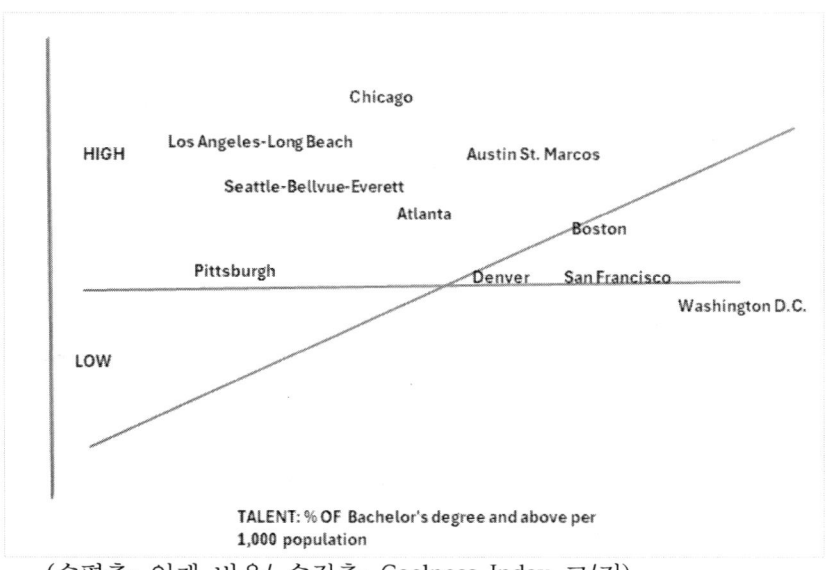

(수평축: 인재 비율/ 수직축: Coolness Index 고/저)

그림 3-3 인재 비율과 Coolness Index

제2절 주요국의 클러스터 사례들: 연구 클러스터를 중심으로

1. 주요국들의 선도적 클러스터 사례들

1) 소피아 앙티 폴리스

소피아 앙티폴리스는 미국의 실리콘 밸리의 안정적 성장에 영향을 받아 프랑스에서 1968년에 조성이 시작된 대규모 연구 클러스터 도시이다.34) 흥미로운 사실은 1968년은 일본이 츠쿠바 과학도시가 시작된 해이기도 하면서, 한국에서도 대덕 단지를 기획한 해이기도 하다.

즉 당시의 세계적 트렌드는 미국의 실리콘 밸리를 모방한 어떤 형태의 집적지 혹은 클러스터를 조성할 기획을 하고 있었던 것으로 보이며, 한국의 경우에도 당시의 경제력을 고려할 때 상당히 획기적인 투자를 기획했던 것으로 볼 수 있다.

소피아 앙티 폴리스의 등장 배경에는 당시 프랑스 정부가 파리 중심의 과밀 현상을 지방 분권적으로 재배치해 보려는 의도를 가지고 있었는데,35) 그 대상으로 정부 연구소 시스템인 (CNRS)를 이전의 대상으로 삼았다.

프랑스 남부 코트다쥐르 지역에 위치한 소피아 앙티폴리스(Sophia Antipolis)는 유럽 최초의 과학기술 클러스터로, 혁신과 지속 가능한 개발을 목표로 한 대표적인 테크노폴리스인데, 주요 연혁을 살펴보면, 다음과 같이 정리해 볼 수 있다.

1단계 설립과 개발 (1969~1980년대)

-1960년: 프랑스 상원의원 피에르 라피트(Pierre Laffitte)가 파리 중심의 과학기술 집중을 완화하고 지역 균형 발전을 도모하기 위해 프랑스에 제2의 라틴지구(Latin Quarter)를 만들자'는 비전을 제시하면서 수도 파리 중심의 기술·지식 집중을 해소하고, 남프랑스의 지역 개발 및 과학기술 분산을 유도.'Sophia-Antipolis를 제안하였고,

-1969년: 소피아 앙티폴리스 협회가 공식 출범하며, 기술 단지 개발이 본격화되었고,

-1970년대: SAVALOR 경제이익단체가 설립되어 토지 확보와 기업 유치를 추진하였으며, 1974년에는 첫 기업인 Franlab이 입주하였다.

-1980년대: 디지털 이큅먼트(Digital Equipment), IBM 등 글로벌 IT 기업들이 입주하면서 기술 단지로서의 입지가 강화되었고,

-1983년: 프랑스 국립정보자동화연구소(INRIA) 소피아 앙티폴리스 연구센터가 설립되어 연구 역량을 강화케 된다.

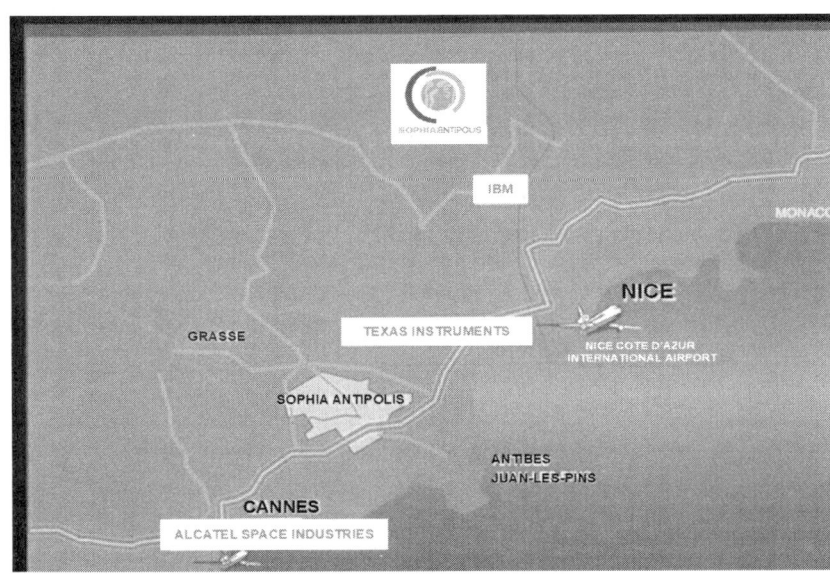

Source: https://www.sophia-antipolis.fr/
Various other sources between 2005-2024
https://www.sophia-antipolis.fr/en/enquiries-media/

그림 3-4 프랑스 남부 지역 지도

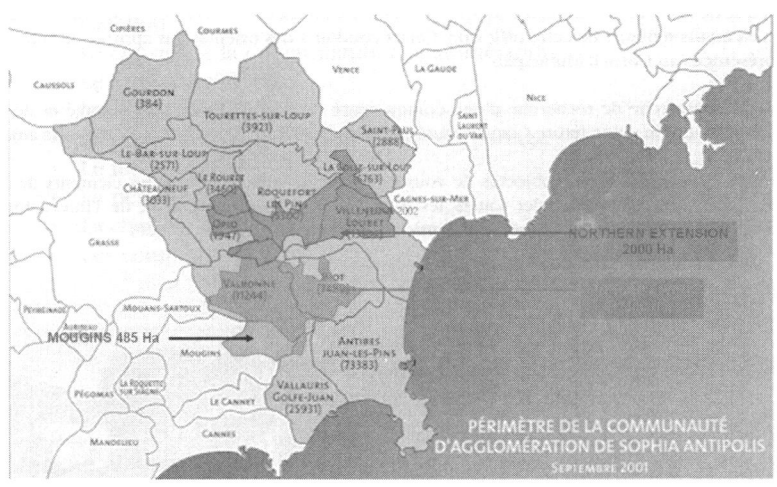

Source: https://www.sophia-antipolis.fr/
Various other sources between 2005-2024
https://www.sophia-antipolis.fr/en/enquiries-media/

그림 3-5 소피아 앙티폴리스 확장 단계들

2단계진통의 성장기(1989년 이후 90년대초)

사실 소피아 앙티폴리스는 미국의 실리콘 밸리의 성공에 영향을 받은 바 크고, 비교적 안정된 성장을 할 수 있었다. 그런데, 대외 변수가 발생하여 성장통을 겪게 된다. 1989년 베를린 장벽 붕괴를 신호탄으로 독일 통일과 동유럽의 급격한 변화가 초래되면서 인적 이동이 급증하는데, 이들 중에는 동유럽에서 석박사 학위를 마친 고학력 인재들이 포함되어 있었다. 이들은 소피아 앙티폴리스에도 취업을 하게 되는데, 이들이 가진 큰 장점은 상대적인 저임금이었다. 지금까지 소피아 앙티 폴리스의 성장의 두 축 중 하나였던 외국계 다국적 기업 연구소들 그중에서도 미국계 기업 연구소들은 비교적 단기간에 동유럽 출신 과학자들로 인적 구성을 변경케 되어, 실직한 프랑스 과학기술인력들이 대거 발생하는 예측치 못한 상황이 발생한다.36)

이들의 경우를 job displacement라고도 부를 수 있는데, 이들이 소피아 앙티폴리스의 다음 단계 성장의 밑거름이 되는 놀라운 변화의 단초를 제공한다.37)

소피아 앙티폴리스의 시작 동기가 된 실리콘 밸리의 경우, 많은 이들에게 알려지는 모습은 어느 정도 완성된 단계의 클러스터의 모습으로, 민간과 공공이 협력하고, 벤처 캐피털이 육성되어 있고, 사회적 신뢰가 보장되는 그야말로 이상적인 dynamic을 보여주는 형국이었다.38) 그러나 사실 실리콘 밸리가 처음 만들어졌던 시기를 들여다보면 1950년대 기준으로 미국 정부 주도의 단지였고, 국방성의 연구를 수행할 수 있는 기업들이 입주한 상태여서 정부 주도의 육성 단계에 있었다. 이후에 자연스러운 생태계가 조성된 것은 이들 기업으로부터의 spin off 형태로 인력들이 이동하면서 벤처 기업들이 생기고, 자연스럽게 협력 관계가 이루어지는 과정을 거친 상황이었다.

소피아 앙티 폴리스의 성장통 시기는 이 과정을 어쩔 수 없이 겪게 된 시기로 볼 수 있다. 실직된 과기인들이 벤처 기업 및 컨설팅 펌을 만들게 되고, 어떤 형태의 연구 생태계이자 공급망 사슬이 만들어지게 된 것이었다.39) 훗날 평가되기로, 소피아 앙티폴리스가 실리콘 밸리처럼 되었다는 것은 이러한 변화을 의미하고 있었다. 40)

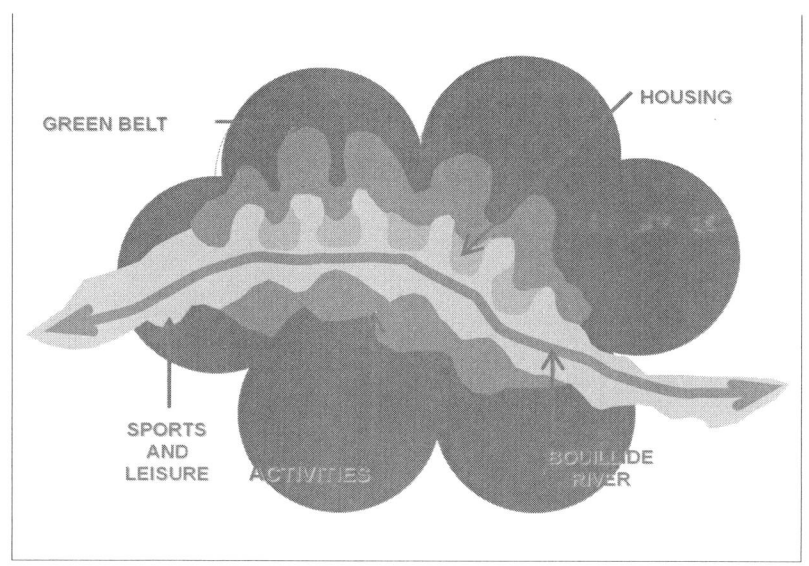

https://www.sophia-antipolis.fr/en/enquiries-media/
Source: https://www.sophia-antipolis.fr/
Various other sources between 2005-2024

그림 3-6 소피아 앙티 폴리스 주요 시설 분포와 녹지

3단계 확장기 (1990년대 이후)

2단계의 성장통을 거친 후 소피아 앙티폴리스는 1990년대~2000
년대 생명과학, 환경기술, 디지털 기술 등의 다변화와 2010년대 이
후 스마트 모빌리티, AI, 사이버보안 등 신기술 중심의 혁신 허브로
변혁을 이어 나가게 된다.41)

전반적인 육성 정책의 핵심을 살펴보면, 주요 정책 및 전략으로 다
음을 정리해 볼 수 있다.

1. 삼중 나선 모델 (Triple Helix Model)

산업(기업), 학계(연구소/대학), 정부(공공기관)의 협업체계를 적극적으로 구축하여 연구→기술이전→산업화까지 유기적 연계를 추구하였고,

2. 환경 친화적 도시계획

전체 면적의 90% 이상을 녹지로 보존하면서, 자연 지형을 해치지 않는 건축 설계 및 에너지 효율 중심의 인프라를 추구하였고,

3. 국제 협력과 개방성

외국 기업 유치 및 외국인 연구자 확보에 적극적으로 나서서
영어 기반 비즈니스와 교육 환경 제공하고 있고,

4. 공공+민간 운영구조

정부는 기반시설과 규제완화를 제공하며, 개발과 운영은 민간 재단(소피아 앙티폴리스 재단 등)이 담당하는 구도를 보인다.

5. 기술 중심 생태계 조성

스마트 모빌리티의 핵심인 커넥티드카, 자율주행 테스트 베드 구축, 디지털 혁신과 AI, 5G, 사이버보안 기업 우대 정책을 운영하고 스타트업 육성 인큐베이터·엑셀러레이터(조기 육성반) 프로그램 다수를 운영하고 있다.

성과 (Achievements)들로는 다음을 제시해 볼 수 있는데,

1. 기업 및 고용 성과

약 2,500개 기업 입주 (2020년 기준).

약 38,000명 이상의 전문가·연구자 근무.

다국적 기업 본사 또는 지사 다수 입주:

에어프랑스, IBM, 에릭슨, 아마데우스, 오렌지, 후지쯔 등.

2. 혁신 기술 개발

유럽 내 ICT, 바이오, AI 기술의 핵심 테스트 및 상용화 거점이 되고 있고,유럽의 GSM 통신 표준, 스마트 카드 기술, AI 기반 항공예약 시스템 등이 여기서 개발된 성과로 제시되고 있다.

3. 글로벌 네트워크 허브

세계 과학기술단지 협회(IASP)의 본부 역할을 통하여 유럽 및 지중해 지역의 혁신 클러스터와 연계한 기술 및 정보 교류의 허브 역할을 하고 있다.[42]

4. 교육 및 연구 인프라

소피아 앙티폴리스 지역내에 주요 연구기관 및 고등교육기관:

INRIA, Mines ParisTech, Universite Cote d'Azur, 유럽통신 표준협회(ETSI) 등이 입지하여 학문-산업 간의 협력 프로젝트 다수 수행을 하고 있다.[43]

KEY FIGURES (1)

- 1 800 000 m² of construction upon completion
  1 020 000 m² presently occupied by corporations

- 450 000 m² of which are rented in commercial real estate programs

- 34 000 projected m² of speculative office buildings

- 2 200 housing units to date + about 100 additional flats to come

- 8 hotels

- 5 students' residences

KEY FIGURES (2)

- International secondary school (C.I.V.)
  2 secondary education colleges

- 4 primary and elementary schools

- golf : 3x18 h and 2x9 h courses − 1 complete practice ground

- 30 tennis courts / 2 gymnasiums / 1 stadium

- 1 fitness center

- 2 700 m² of proximity shops

- 1 500 projected m² of shopping center

Source: https://www.sophia-antipolis.fr/

Various other sources between 2005-2024

2) Kista

스웨덴 스톡홀름 북부에 위치한 시스타 사이언스 시티(Kista Science City)는 유럽 최대의 ICT(정보통신기술) 클러스터 중 하나로, 스웨덴의 디지털 혁신을 선도하는 중심지로서, 이 지역은 에릭슨(Ericsson)을 중심으로 한 산업단지에서 시작하여, 현재는 글로벌 기술 기업, 연구기관, 대학, 스타트업이 밀집한 과학 도시로 발전하였다.44)

역사

1970년대 후반: 에릭슨과 ASEA(현 ABB)가 시스타에 입주하면서 ICT 산업단지로서의 기초가 마련되었다.

1985년: 에릭슨과 스톡홀름 시가 공동으로 '일렉트럼 재단(Electrum Foundation)'을 설립하여 연구기관과 기업 간 협력을 촉진하였고45)

1987년: 일렉트럼 하우스(Electrum House)가 완공되어 연구, 교육, 기업 활동의 중심지가 되었으며,

1999년: 시스타 사이언스 시티(Kista Science City)라는 명칭이 공식화되고 일렉트럼 재단이 운영주체가 되었다.

2001년: 스톡홀름 대학교와 왕립공과대학교(KTH)가 공동으로 IT 대학을 설립하여 학계와 산업계의 협력을 시작하였다.

주요 정책

시스타 클러스터의 주요 육성 정책은 클러스터의 사례들에서 잘 알려진 트리플 헬릭스 모델로 산업계, 학계, 공공 부문이 협력하여 혁신을 촉진하는 구조를 구축하고,

디지털 인프라 구축을 스톡홀름의 광섬유 네트워크와 5G 등의 기술을 활용하여 조성하였고,[46]

- Urban ICT Arena는 스타트업과 대기업이 실제 도시 환경에서 제품과 서비스를 테스트할 수 있는 실험 공간을 제공하는 시책이며.
- Sweden Secure Tech Hub는 중소기업의 사이버 보안 역량 강화를 위한 지원 프로그램을 운영하여 안전한 디지털 전환을 도모하는 사업으로 추진되었다.

성과

기업 및 인재 집적: 현재 시스타에는 1,000개 이상의 ICT 기업과 25,000명의 종사자, 5,000명의 학생이 활동하고 있고, 글로벌 기업 유치로 에릭슨, IBM, 마이크로소프트, 인텔, 오라클 등 다수의 글로벌 기업이 시스타에 본사나 지역 사무소를 두고 있으며, 무선 통신 및 센서 기술 분야의 연구개발을 추진하고 있다.

또한 시스타의 경우도 지속 가능한 도시 개발을 추구하여 에너지 효율성과 지속 가능성을 고려한 도시 개발을 추진하여 스마트 시티 모델을 구현하고자 스웨덴의 디지털 혁신과 지속 가능한 도시 개발을 이끄는 대표적인 사례로 평가할 수 있다.[47]

3) 쓰쿠바

일본의 쓰쿠바 사이언스 시티(Tsukuba Science City)는 과학기술의 발전이라는 정책 목표와 도쿄 중심의 수도권 과밀 해소를 목표로 계획된 연구·교육 도시로서, 1960년대말 부터 개발이 시작되어

일본 최대의 과학기술 집적지로서의 위상을 가지고 있다.[48]

주요 시기별 발전과정을 살펴보면,[49]

1961년: 일본 정부는 도쿄의 과밀화를 해소하기 위해 정부 기관의 이전을 결정하였고,

1963년: 이바라키현 남부의 쓰쿠바 지역이 새로운 과학 도시의 부지로 선정되었으며,

1970년: 쓰쿠바 사이언스 시티 건설법이 제정되어 클러스터 개발이 시작 되었다.

1973년: 쓰쿠바대학교가 개교하여 교육과 연구의 허브 역할을 담당케 되었고,

1980년: 43개의 국가 연구기관이 쓰쿠바로 이전 완료하였으며,

1985년: 국제과학박람회인 '쓰쿠바 엑스포 1985'가 개최되어 조성의 첫단계 완료를 자리 매김하였다.

주요 정책효과[50]

이전 시기까지 도쿄에 집중되었던 국가 연구기관을 쓰쿠바로 이전시키고, 국립 연구소와 민간 기업 간의 협력을 통해 연구개발을 촉진하는 시책이 시행되었고, 국제화 추진을 통해 외국인 연구자와 유학생을 적극 유치하여 국제적인 연구 환경을 조성하였고, 다른 나라들의 클러스터와 마찬가지로 지속 가능한 도시 개발을 추구하여 녹지 공간 확보와 쾌적한 생활 환경 조성을 통한 지속 가능한 도시 구축을 추진하였다.[51]

성과

연구기관의 집적으로 약 150개의 연구기관이 입지하여 일본 과학기술 집적지가 되었고, 국제 협력 강화로 약 140개국의 외국인 연구자와 유학생이 활동하고 있으며, 고온 초전도체의 분자 구조 규명, 광전도성 유기 필름 개발 등 다양한 분야에서 세 연구 성과를 도출하였고, 도시 면적의 약 25%가 녹지로 구성되어 있으며, 146개의 공원이 조성되어 쾌적한 생활 환경을 조성하였다.52)

4) 대덕

1968년경부터 논의가 진행된 것으로 알려진 대덕 연구단지는 1973년 첫 단계가 완공되었다. 앞서 살펴 본 프랑스의 소피아 앙티폴리스(Sophia Antipolis)를 모델로 하여 조성된 대덕연구단지는 서울에 위치한 한국과학기술연구원(KIST)의 완공 이후, 제2의 과학기술 중심지를 조성하고자 하는 박정희 대통령의 구상 하에 1973년 1월 처음 기획되었다. 5개년 건설 계획에 따라 주로 공공 연구기관들이 1978년부터 대덕연구단지에 입주하기 시작하였다.53)

2004년 기준으로 연구기관 현황은 다음과 같이 제시할 수 있는데, 생명과학 및 그 응용 분야에는 한국생명공학연구원, 한국담배인삼공사(KT&G) 산하 연구소 등 총 37개의 기관이 입지하며. 정보통신기술 분야에는 한국전자통신연구원(ETRI)을 포함하여 총 110여개의 기관이 활동 중이다. 신소재, 고분자 및 정밀화학 분야에는 타 분야에 비해 민간 연구소의 비율이 상대적으로 높은 것이 특징이다.54)

그러나, 외견상과 다르게, 대덕 단지의 성숙 과정에는 어려움도 수

반되었다. 1997년 한국의 외환 위기는 대덕 지역에 연구 지원의 축소와 연구 인력의 이직이라는 충격을 안겨주었다.55) 이 시기에 정부는 벤처 캐피털 지원 정책을 시행하였고, 이는 연구자들에게 벤처 비즈니스에 진출할 수 있는 기회를 제공하였으나, 이때 창업한 기업들 중 모두가 성공을 거둔 것은 아니었다.

이 시기에 대덕의 인력 공급 체계가 제대로 작동하지 않았다는 것을 의미하지는 않으며56), 프랑스 소피아 앙티폴리스(Sophia Antipolis) 사례에서처럼, 연구자들이 일자리를 잃은 후 기술 기반 기업을 창업했던 것과 유사하게, 대덕은 1997년 이후 순수 기초연구와 기술 상용화 간의 연계성에 대해 지역 사회가 중요한 학습의 기회를 경험한 셈이다.57)

주요 연표를 보면 다음과 같이 제시될 수 있다.

1973년: '대덕연구학원도시' 개발 계획 수립.

1978년: 한국표준연구소(현 한국표준과학연구원) 입주로 본격적인 연구단지 조성 시작.

1994년: '대덕연구단지관리법' 시행으로 연구성과 실용화 기반 마련.

2005년: '대덕연구개발특구 등의 육성에 관한 특별법' 제정으로 산·학·연 혁신 클러스터로 확대.

2011년: 국제과학비즈니스벨트 거점지구로 지정.

주요 성과: 기술 개발

1996년 세계 최초 CDMA 상용화 성공.

와이브로, 지상파 DMB, 초고속 이동통신기술(NoLA) 등 정보통신 기술을 개발하였고, 우주 발사체 KSR-III 시험발사, 스마트 무인기 개발, 인공위성 '우리별' 발사 등 우주공학 분야 성과가 제시될 수 있다.

경제적 성과:58)

2021년 기준 2,461개 입주기관에서 약 7조7,000억 원의 R&D
투자와 약 21조 원의 매출이 발생되었다.

총 고용인원 8만6,000명 중 연구인력 3만8,000명 (2021 기준)

Clusters in Korea: National Industrial Complexes

Initial stage(1973-1989): Science Park

Middle stage(1990-2004): Technopolis

Fig. 3. Daedeok Science Town (1973-1989): Research Park led mainly by public research institutes and universities.

Fig. 4. Daedeok Valley (1990~2004): National Special R&D Zone (Daedeok Science Town + Daedeok Techno-Valley).

Clusters in Korea: Daeduk Research Complex

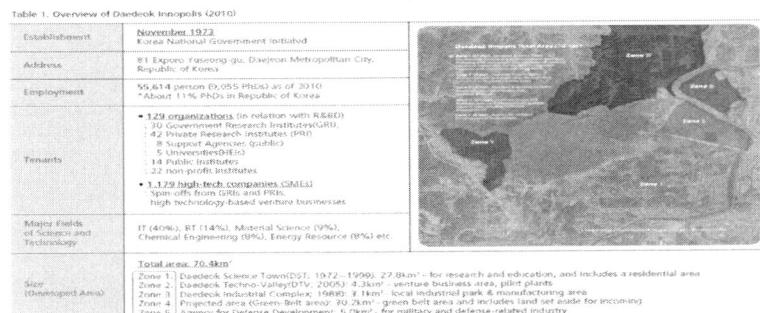

https://www.innopolis.or.kr/board?menuId=MENU01248&siteId=null

그림 3-7 대덕 클러스터

5) 이탈리아와 스페인 사례

이탈리아 롬바르디아(Lombardia) 지역은 유럽에서 가장 산업화되고 혁신적인 지역 중 하나로, 다양한 클러스터를 통해 경제 성장을 견인하고 있다.[59) 이 지역은 약 750개의 기관(기업, 연구소, 대학 등)이 참여하는 9개의 기술 클러스터를 운영하며, 스마트 특화 전략(Smart Specialisation Strategy, S3)에 기반한 혁신 생태계를 구축하고 있다.

초기의 상황으로부터 복기를 해보면 이탈리아의 클러스터도 곧 성공으로 이어지지는 못했음을 알 수 있다. 이탈리아 정부는 자국 북부의 롬바르디아(Lombardy) 지역에 바이오-화학 연구 클러스터를 육성하고자 하였다. 이러한 정책의 동기는, 국내 바이오-화학 산업이 대부분 다국적 기업(MNEs)과 주요 기업의 지사들로 구성되어 있으며, 자생적인 연구기관이나 스핀오프(spin-off) 기업이 부족하다는 산업 구조적 문제에서 비롯되었다.[60)

롬바르디아는 전통적으로 화학, 의약, 연구기관의 중심지 역할을 해온 지역으로, 이는 이탈리아 정부가 이 지역을 성공적인 클러스터 후보지로 선정하는 데 충분한 근거가 되었다. 이러한 배경 하에 정부는 1993년부터 라파엘레 과학공원(Raffaele Science Park) 조성을 목표로 한 정책을 추진하였다.

이탈리아 정부가 활용한 정책 수단은 다른 국가들의 클러스터 정책 사례들과 유사하였으며, 스핀오프 기업 육성에서부터 연구 활동 촉진 및 상업화 증진을 위한 다양한 메커니즘에 이르기까지 포괄적인 접근이 이루어졌다.[61)

그러나 클러스터 정책의 이러한 의도와는 달리, 이탈리아의 롬바르디아 클러스터 구축 시도는 초기에는 가시적인 성과를 거두지 못하였다.

초기의 부진의 원인들로 제시되고 있는 것들을 살펴보면 다음과 같다. 첫 번째 요인은 롬바르디아 지역의 생명공학 분야 연구 역량이 상대적으로 낮다는 점에서 기인한다. 일부 학자들은 롬바르디아 지역에 분자생물학 분야의 강력한 기반이 부재하였다는 점이 부정적인 영향을 미쳤다고 지적하며62), 이는 분자생물학의 존재감이 뚜렷했던 나폴리(Napoli) 지역과 비교하여 더욱 두드러진다고 설명하였다.63)

둘째, 이탈리아의 다른 지역들과 마찬가지로, 비공식적 관계망이 지배적인 경향을 보인다는 점이다. 이러한 관계 중심의 전통은 클러스터 형성에 일반적으로 요구되는 공식적 네트워크 구축에 부정적인 영향을 미쳤다. 그러나 이것이 곧 비공식적 네트워크의 중요성을 부정하는 것은 아니다. 실제로, 비공식 네트워크가 공식 네트워크 형성의 핵심적인 전제 요소임을 제시하는 연구들이 있는데,64) 이탈리아 사례에서 결정적으로 결여된 요소는 바로 비공식적 관계와 공식적 네트워크를 연결해주는 '세밀한 접점'에 해당하는 부분이다.65)

셋째, 지식재산권에 대한 인식이 상대적으로 미흡하다는 점도 클러스터 발전을 저해하는 요인으로 작용했을 가능성이 있다(Orsenigo and Malerba, 2000). 이와 같은 요소는 사회적 자본(social capital)의 일환으로 간주될 수 있으며, 이는 다양한 분야에서 활발히 논의되어 온 주제이기도 하다66).

클러스터 정책 및 구조

롬바르디아주는 2012년부터 기술 클러스터를 공식적으로 인정하고 지원하여, 연구 및 혁신 분야에서 기업, 대학, 연구소, 공공 및 민간 기관 간의 협력을 촉진하고 있는데, 이러한 클러스터는 지역의 산업 경쟁력을 강화하고, 지속 가능한 경제 성장을 도모하는 데 중점을 두고 있다.[67]

주요 기술 클러스터들로는

에너지 및 환경 클러스터 (LE2C)

에너지 효율, 지속 가능한 제조, 녹색 건축, 순환 경제 등을 중심으로 활동하며, 지역의 에너지 및 환경 분야 혁신을 선도함을 목표로 한다.

모빌리티 클러스터

육상 및 수상 모빌리티 산업의 경쟁력 강화를 목표로, 선행 연구 및 글로벌 비즈니스 시나리오 발굴을 통해 지역 산업의 발전을 추진하는 전략이다.

생명과학 클러스터

의료, 제약, 바이오테크 분야에서 연구, 산업, 클리닉 간 협력을 추진한다.

지능형 공장 클러스터 (AFIL)

제조업의 혁신과 경쟁력 강화를 위해 연구 및 혁신을 촉진하며, 베스트 프랙티스와 핵심 기술 개발을 지원하는 시책이다.

성과 및 영향

경제적 기여로 롬바르디아주는 이탈리아 GDP의 약 23%를 차지하며, 유럽에서 가장 경쟁력 있는 지역 중 하나로 평가받고 있으며, 이 지역의 클러스터들은 글로벌 연계를 통하여 유럽연합의 연구 및 혁신 프로그램과 연계되어, 국제적인 협력과 기술 교류를 활발히 진행하고 있고, 지속 가능한 발전: 순환 경제 및 녹색 기술 분야에서의 혁신을 통해, 환경 친화적인 산업 구조로의 전환을 추진하고 있다.68)

스페인의 카탈루냐 지역 클러스터

카탈루냐(Catalonia)의 스페인 클러스터 사례는 정부 주도의 클러스터 육성의 어려움을 보여주는 또 다른 예시이다.69) 가전 전자제품 생산 중심지로서 카탈루냐 지역은 1980년대에 다양한 전자제품을 생산하기 위해 외국인 투자를 유치하는 데 있어 매력적인 지역으로 기능하였다. 이러한 성공에도 불구하고, 전자 산업의 변화하는 환경에 적절히 대응하지 못함으로써 지역의 경쟁력은 섬차 약화 되었고, 이는 결과적으로 저임금 지역이라는 이미지로 이어졌다.

전환점을 마련하고자, 카탈루냐 주정부와 민간 기관들은 협력하여 경쟁력 있는 클러스터를 조성하고자 하였다. 이들이 활용한 정책 수단은 다른 국가들이 적용한 것과 대체로 유사하였다.70) 그러나 그 결과는 긍정적이지 않았다. 경쟁력 있는 클러스터를 구축하기 위한 네트워크 형성이 충분히 성공적이지 않았다는 사실이 드러났으며, 카탈루냐 지역은 여전히 저임금 생산 거점이라는 점이 상당 기간 준거점으로 작용하였다.71)

2. 클러스터 개념과 이론화의 장점과 한계점

클러스터 이론은 그 유용성으로 인하여 전 세계적으로 학계와 실무계에서 회자되고 있는 유용한 개념이자 도구이다. 그런데, 이 유용한 개념의 활용 면에서도 유념해야 할 한계성이 존재한다. 이러한 한계점들을 잘 이해하고 있을 때에 효용성이 극대화될 수 있는데, 그 한계점들을 살펴보면 다음과 같다.

1) 클러스터의 개념적 이론적 한계성

표 3-2에서 보듯이, 클러스터 이론에서 주장되는 혁신은 대개 한 가지의 기술에 기반한 클러스터가 이루어짐을 뜻한다. 복수의 기술에 근거하면 되지 않을까 하는 논자들도 있겠으나, 클러스터의 개념상 특정 기술에 관계되는 공급망의 상당 부분이 해당 클러스터 내에 입지하는 것을 가정하므로, 이 정도로도 상당 규모의 입지적 지리적, 산업적 규모이고, 배후 산업과 지원 기관들을 고려하면 규모가 방대해진다.72) 따라서 클러스터는 단일 기술을 기반으로 조성된다고 봄이 타당할 것이다. 이러한 특성은 바로 경제 순환상의 주기에서 해당 기술이 하강기에 있을 시기엔 해당 클러스터도 어려움을 피해 가기는 어렵다는 점을 시사한다.

둘째, 클러스터가 지역 성장과 생산성 향상을 가져온다는 장점은 반대로 보면, 해당 클러스터 지역과 주변 지역의 렌트, 즉 임대료 지가의 상승을 수반케 되고, 클러스터 지역과 그 인근 지역간의 경제적 불균형은 심화됨을 의미한다. 미국의 많은 클러스터화된 지역이 이를 방증하고 있다.73)

표 3-2 클러스터의 장단점: 이론적 관점[74]

(Kim & Yoo 2005)

Advantages of Clusters	Costs of Clusters
Innovation	Uniform Technology
Regional Growth & Productivity Growth	Increase of Rent level Wider Inequality vis-a-vis neighboring regions
Increased Profit &Employment Opportunities	Increased labor costs
Competitiveness	Narrow Track of development with specialization
Increase of 'new born' companies	Technological 'Lock-in'

이미 상당 기간이 지난 예이지만 여전히 있을 법한 사례는 실리콘 밸리 지역의 초등학교 교사들이 본인들의 연봉으로는 적절한 아파트를 구하지 못한다는 것이었다.[75] 타임지 기사에 따르면, 실리콘 밸리 지역의 공립학교 교사들의 연봉은 전국적 기준에 의해 책정되므로, 수당 등이 고려되어도, 현지 실리콘 밸리의 고물가와 높은 지가를 반영하기엔 부족하게 되는데[76], 기사에서는 교사들이 학생들을 하교시킨 후에 교실을 정리하고, 공기 주입 매트식 침대를 설치하여 침실로 전환하고, 아침에 일찍 정리한 후 학생들을 맞는다는 것과 부모들이 이를 싫어한다는 내용이 소개되고 있었다.[77]

셋째, 위의 두 번째와 연동된 장단점으로 클러스터는 이익의 증대와 취업 기회의 증가를 가져오지만, 이는 반대로 임금 상승이라는 큰 비용의 파도를 감내하면서 이루는 과실이라는 점이다.[78]

넷째, 클러스터는 클러스터화가 되지 않았을 경우에 대비하여, 경쟁력을 부여해준다. 그러나, 이러한 장점은 학계의 용어로 Narrow Track of development with specialization로 불리는 전문화 기반의 좁은 트랙형 발전을 의미한다.79) 이는 마치 경주마의 트랙에서 자신의 트랙을 가야만 하는 것과 유사한 상황이라 할 수 있다.

다섯째, 신생 기업들의 증가가 장점으로 제시되는데, 이점은 반대 측면에서는 동일 분야의 기업들로 구성된 클러스터가 조성되는 것이어서 기술적 고착이라는 현상으로 설명될 수 있다.

2) 클러스터 개념의 이론적 한계성 2

포터의 클러스터 이론에서 그리고 이와 유사한 이론들에서의 공통점 중 하나는 거의 자연 발생적으로 클러스터가 이루어진다는 뉘앙스를 풍긴다는 점일 것이다. 그러나, 왜 어느 지역에서는 클러스터 이론이 언급하는 조건들이 구비되어 있음에도 클러스터가 거의 자연적으로 발생하지 않으며, 정부의 정책도 작동하지 않는지에 대한 체계적인, 그리고 인과적 설명은 제시되지 못하고 있다. 그리고 포터의 이론을 통하여 사회적 자본이나 여타 클러스터가 이루어지기에 부족한 요소들이 어떻게 충족될 수 있는지에 대한 제시도 이루어지지 못하고 있다.80) 즉, 일반화가 되기 어려운 상태에 있는 이론이라 할 수 있다.

3) 클러스터 운영 상의 한계점들

위기 극복의 사례들

일단 클러스터의 외형을 갖춘, 즉 정부에 의한 대규모 투자가 이루어진 경우에도 성공률은 높지 못하다는 것이 그간의 트렌드이다. 이러한 평가를 하는 시점도 중요해지는데, 여러 문헌들을 통하여 성공적인 사례로 불리는 소피아 앙티 폴리스 마저 큰 위기를 거친 후에야 비로서 클러스터의 조건들을 완비케 된 점에 유의하지 않을 수 없다.

소피아 앙티 폴리스는 1968년 착공 이후, 공공 연구소들인 CNRS와 여타 공공 기관들의 이전으로 안정적인 성장을 하였고, 미국의 다국적 기업 연구소들도 다수 입지하여 클러스터를 구성하여 나가고 있었으나, 90년대 초 베를린 장벽 붕괴 이후, 구 동구권의 과학자들의 대거 유입으로 큰 변화를 맞게 된다. 미국계 다국적 기업들에게는 동구권 출신의 과학자들은 능력을 구비하면서도 인건비가 낮은 매력적인 대안이 되어, 상대적으로 프랑스 인력들이 실직하는 현상을 맞게 된다. 만일 이 지점에서 평가를 한다면 실패로 귀결되었을 소피아 앙티폴리스 사례는 이 지점에서 내반전의 모티브를 찾는다. 대량 실직된 과학자와 엔지니어들이 창업으로 자체 회사를 세우거나, 관련 조직들을 만들어, 소피아 앙티폴리스 지역이 명실상부한 클러스터로 거듭나게 된다.81)

사실 이 스토리 라인은 대덕 단지에 대한 평가에도 그대로 반복되었다. 68년에 시작된 이후, IMF 경제 위기 시에 과학자와 엔지니어들의 대량 해고가 있었고, 이들 중에는 해외로 떠난 인력도 있으되, 대전 근처에서 연구 조직이나, 회사를 창업한 이들이 다수 있었고, 이들이 대덕 단지를 클러스터로 만든 주역이 되었다. 즉 시작 이후 30년 정도의 시점에서 대덕단지를 평가한다면 부분적 성공으로 볼 상황이었으나, 그 이후, 대덕 연구 단지 50년 기념의 즈음에는 아무도 이견이 없는 안정화된 성공으로 재조명되게 되었다.

인력 공급의 Mis-Match(미스매치) 경향

위의 논의를 조금 더 일반화해보면, 정부 주도의 인력 공급 및 기획 정책이 태생적으로 갖게 되는 난점을 만나게 된다. 이는 인력공급 상의 미스매치로 불리는데[82], 어느 국가든 피하기 어려운 숙명처럼 나타나는 현상이다. 정부가 최선을 다하여 인력 공급 기획을 한다고 해도 기술변화의 트렌드, 사회 수요의 변화, 다른 나라의 정책 변화, 시장의 변화, 기후 환경의 급변 등 기수립된 수요와 공급간의 균형점을 무너뜨리는 변수들은 다양한데 비하여, 원래 세운 기획에는 이에 대한 대처는 어렵다는 점이다.

인력 공급 즉 교육과 훈련은 예산 투입으로 진행되고, 이를 믿고 국민들, 시민들은 의사결정을 하고 스케쥴을 변경한 상태이기 때문이다. 위에서 언급된 변화의 시그널이 시장에, 그리고 교육기관과 클러스터에 전달되었을 때는 이미 상당 부분 기존의 기획대로 무언가가 이루어져 있고, 이는 그대로 시장에서 수요공급의 미스매치로 귀결될 것이다. 즉 구직자와 새로운 인력을 찾는 수요처 간의 미스매치는 지속된다.[83]

4) 유사 개념화들과의 비교

클러스터 개념은 이제 지구상의 많은 국가들에서 공공 민간 부문의 경계 없이 자유로이 활용되는 개념이다. 그러나, 이 개념 자체가 먼저 제안 된 것은 지리학계의 경제 지리 부문이었으나, 그리 히트를 치지 못하다가 마이클 포터 교수에 의해 대히트를 하게 되어, 상식화된 개념으로 유통되게 되었다.

이렇다 보니, 클러스터 개념이 등장하기 이전 식부터 지역 개발, 지리학, 경영학, 정치경제학 등에서 간은 혹은 유사한 현상을 중첩되게 표현해 온 선행 이론들도 존재하였고, 각 이론들마다 강조점과 스코프가 다르다 보니, 이론들 간의 구분의 몫은 후학들에게 남겨진 면도 있다.

먼저 science park과 techno park의 개념이 지금도 활용되고 있는데, 포터 이후의 클러스터는 위의 두 park보다 넓은 개념의 범주를 갖는다. 즉, 정주성 혹은 livable한 환경을 추구하는 광범위한 개념이 클러스터이고, 이에 비하여 테크노 파크는 단일 기관이 갖는 역할에 초점이 두어진 개념으로 볼 수 있다. 유럽의 국가들에선 사이언스 파크나 테크노 파크가 극단적으론 단일 건물로 구성된 곳도 있고, 사이언스 파크의 경우, 어느 정도 면적을 갖으나, 클러스터와 같은 거의 도시 급의 규모를 갖지는 않는다.

Flexible specialization을 중심으로 한 이론들과 학파가 존재해 왔는데, 이 이론은 오늘날에도 적용이 가능하고 응용된 형태가 많이 존재함에도, 그 원류는 이탈리아 섬유 산업과 상업 길드를 중심으로 한 역사적 맥락부터 찾아진다는 점에 주목할 필요가 있다.[84] 그래서 이러한 이론들은 자연스럽게 당시의 사회 문화적 규범이나 요즘 우리가 언급하는 사회적 자본이라는 개념과 분리되기 어려운 연결체로 패키지로 구성되어 있었던 것이다.

또한 클러스터의 개념이 널리 알려지기 이전부터, 우리나라를 포함하여 여러 곳에서 산업단지라는 개념과 정책이 존재하였는데, 클러스터와의 차이는 산단의 경우, 보다 생산 기능과 기지의 역할이 강조되고 주거, 문화의 요소가 덜 강조되는 기능상의 효율 제고를 위한 구도인 반면, 클러스터는 보다 livability와 연구 기능이 강조되는 가운데 일부 생산 시설이 입지하는 경우와 생산기능이 강조되는 클러스터로 구분될 수 있는 차이점이 존재한다.

제4장 서비스 산업과 제조업 클러스터의 트렌드

제1절 기술변화, 세계화, 클러스터 중심의 성장론[85]

선진국 유형의 경제에 근접할수록 전체 산업들 중 종사자 숫자를 포함한 여러 지표 면에서 서비스업이 차지 하는 비중은 점점 커지게 되어 있다. 이러한 트렌드가 기저로 존재하는 가운데, 제조업과 서비스업 간의 경계도 약화 되는 면을 보이고 있다. 그만큼 제조업의 영역이 서비스업의 영역과 접점을 이루는 지점에서 수많은 경제 활동이 이루어지기 때문일 것이다.[86]

1.기술변화와 경제성장

1) 제조업과 서비스업의 시너지에 의한 지역 경제 성장

앞 장에서 클러스터 이론의 일반론들을 살펴보았는데, 실제의 클러스터들 중에는 순수한 의미의 연구형 클러스터 보다는 제조업과 서비스업이 융합된 클러스터의 유형들이 더 많이 존재한다. 이러한 예로 대표되는 예 중 하나로 시애틀의 예를 들수 있다. 시애틀은 1960년대 이후 보잉사의 근거지로 항공 산업이 중추를 이루고 있는 첨단 산업 지역이었다. 그러나 이 단계를 이 책에서 논의하고 있는 클러스터의 수준으로 보기는 어려운 상황이었다.

시애틀이 지역 경제면에서 급진전을 이루게 된 기폭제의 역할은 마이크로 소프트사의 이전으로 인한 것이라는 견해들이 있는데, 매우 타당한 주장이라 판단된다.87) 마이크로 소프트사 이후에 시애틀에 입지하게 된 베프 베조스의 아마존 닷컴의 경우, 마이크로 소프트사 이전 이후의 풍부한 인적 자원을 근거로 입지를 정했을 가능성이 크다는 점이다. 마이크로 소프트사의 이전은 외견상 고액 연봉을 받는 소프트웨어 엔지니어들의 유입으로만 보기 쉬우나, 이들이 대규모로 근무하면서, 이들을 지원하는 각종 서비스업이 크게 증가하게 되고, 특히 질적인 면에서도 높은 수준의 서비스업들이 입지하게 되어 지역 경제 전체가 고도화 되는 단계에 이르게 되었다.88)

2) 임금 지대론 (Wage Rent theory)

이를 좀 다른 각도에서 보면, 고액 연봉 IT 기술자들의 존재로 서비스업이 활성화 되어, 고부가가치 서비스업뿐 아니라 흔히 LOW FLYER로 불리는 전통적인 서비스업의 수입과 임금도 증가하는 시너지를 발휘케 되었다는 점이다. 이를 전통적이 노동 경제학의 영역에선 Wage rent로 부르며, 1988년 노벨 경제학상을 수상한 Lucas의 용어로는 교육의 외부 효과로 설명할 수 도 있다.89)

Wage Rent

이전 시기에 경제학자들이 주로 사용하던 레토릭 중 하나로 왜 IBM에 근무하는 비서들은 IBM 보다 기업 생태계 상 낮은 등위에 있는 기업의 정직원이나 임원보다 더 높은 연봉을 받는가? 라는 질문을 사용해 오곤 하였는데, 이를 설명할 수 있는 논리가 바로 Wage Rent 개념이다. 이를 접근하기 위해선 먼저 리카도의 지대 이론을 보게 된다.

리카르도의 지대론

리카르도의 지대론은 영국 경제학자 데이비드 리카도(David Ricardo) 가 『정치경제학 및 과세의 원리』(1817)에서 으로 제시한 지대(rent)에 관한 이론인데, 지대(rent) 는 토지 소유자가 받는 초과 수익이다. 즉, 토지 자체의 생산성의 차이가 존재한다는 것인데, 더 비옥하거나 유리한 위치의 토지가 열등한 토지보다 더 많은 생산을 가능하게 할 때, 그 차이에서 지대가 발생한다고 보았다. 다시 말하여, 덜 비옥한 토지에서 만약 생산비를 충당할 수 있는 정도의 생산성을 얻는다면, 더 비옥한 토지를 소유한 사람은 동일한 가격으로 판매하면서 초과이윤(즉, 지대)을 얻게 된다. 지대는 토지의 절대적 생산성 때문이 아니라, 열등한 토지 대비 상대적 우월성 때문에 발생한다.

지대는 가격을 결정하는 요소가 아니라, 가격에 의해 결정된다. 즉, 곡물 가격이 높아진 결과 지대가 발생하는 것이고, 지대 때문에 곡물 가격이 오르는 것은 아니며, 생산비와 수요에 의해 결정된다고 보았다.

Wage Rent의 개념

임금 지대는 리카르도의 지대론을 차용하여, 더 높은 임금을 지불할 수 있는 산업이 존재하고, 더 열위에 있는 산업이 존재한다는 점을 제시한다.90) 요즘의 맥락에선 1류의 반도체 생산 기업은 임금 자체가 높게 형성되어 있고, 복리 후생도 높은 수준이며, 회사 구내 식당도 열위의 기업 대비하여 훌륭한 시설을 갖추게 된다. 마찬가지로 인공 지능의 요소가 전 분야에 확대되면서, 기계류나 자동차 등에도 인공 지능의 요소가 도입되는 어떤 생산 과정이나 회사는 그렇지 않은 분야 대비하여 임금 지대를 누릴 가능성이 크다고 볼 수 있다.[91]

High flyer vs. Low flyer와 wage rent

제조업 뿐 아니라 서비스 산업에서도 소위 "잘 나가는" 업종과 그렇지 못한 업종이 크게 대분되는데, 전자를 high flyer라고 통칭해 왔다.[92] "High flyer" 는 일반적으로 빠르게 성장하고, 높은 수익성과 장래성을 지닌 기업이나 산업군[93]을 말하기 때문에, 서비스업 중에서 high flyer라고 하면, 특히 빠르게 성장하거나 높은 이익률을 기록하는 서비스업 부문을 지칭하는데, IT관련 서비스 분야(예: 클라우드 컴퓨팅, SaaS(Software as a Service),핀테크(FinTech) (예: 디지털 결제, 온라인 은행), 헬스케어 서비스 (예: 원격의료, 헬스케어 플랫폼), 에듀테크(EduTech) (예: 온라인 교육 플랫폼), 프리미엄 컨설팅/법률 서비스, 럭셔리 관광/호텔 서비스, 에너지 관리 및 친환경 서비스 (예: 탄소배출권 관리, ESG 컨설팅) 업종은 "high flyer" 서비스업으로 규정 될 수 있고[94], 이들 업종도 당연히 임금 지대를 누릴 가능성이 크다. [95]

3) 에듀 테크의 사례

일반 대중들이 체감하는 것보다 더 빠르게 교육은 산업이 되어 왔고, 특히 고부가가치 서비스 산업이 되어 버렸다.[96] 우리가 잘 아는 대학 입시를 준비하는 대규모 학원들의 경우도 이에 해당한다. 이들 플랫폼은 교육 컨텐츠, 과금 컨텐츠, 부정 사용 적발, 강사 관리, 수익 배분, 출결 관리 등 고도화된 기능들을 탑재하고 있다.[97] 교육 부문의 변화는 여기서 그치지 않을 것이라는 점이 더 큰 시사점을 지닌다. 미국의 대학들도 대부분은 온라인 요소가 급증할 것이나[98], 하이엔드의 대학 교육시장은 기존보다 실질적으로 몇배의 비용 부담을 하고도 오프라인 교육을 원하는 소수를 위한 귀족형 대학 교육이 될 가능성도 존재하고 있다.[99] 만약 이러한 변화가 일어난다면, 어느 나라에서나 기존에 온라인 시스템을 구축하고 자본력도 있는 측에 의한 구조 재개편이 일어날 가능성도 배제하기 어렵다.

4) 미국 주요 도시 간 인구이동 비교와 Sun Belt론

미국의 시애틀이나 실리콘 밸리의 예를 중심으로 지역 성장의 모멘텀으로서의 클러스터의 역할을 논의하는 경우가 많은데, 이를 좀 더 일반화하여 미국 사례로 보면 이러한 경향은 비단 국부적인 지역으로 국한되는 클러스터의 이슈보다 더 큰 시대적 트렌드로 진행되어 온 것임을 알 수 있다.[100]

미국에서는 사실 1990년대초 이래로 그리고 80년대의 후반부터 소위 Sun Belt로 불리는 시애틀— 플로리다 방면의 사선을 중심으로 그 가상선의 선 남쪽에 활발한 투자와 인구 이동이 일어나는 이동 현상이 발생되어 왔다.[101] 이 현상은 지역적인 클러스터화를 넘어서는 지리적 대이동으로 보아야 하는 현상[102]인데, 인구이동의 자료를 보면 다음과 같다.[103]

표 4-1 미국의 주요 대도시의 인구 이동 트렌드 104)

Population in 1997 and Population increase and net domestic inmigration, 1990-1997, in the largest metropolitan areas (in thousands) Source: U.S. Bureau of the Census			
Area	1997 Population	Net Increase	Net Domestic Outmigration
New York CMSA	19,876	396	1,643
Los Angeles CMSA	15,609	1,077	1,438
Chicago CMSA	8,642	402	408
Wshington CMSA	7,207	480	128
San Francisco CMSA	6,701	423	316
Philadephia CMSA	5,927	78	222
Boston CMSA	5,828	142	204
Detroit CMSA	5,439	252	55
Population in 1997 and Population increase and net domestic inmigration, 1990-1997 in metropolitan areas ranking highest in absolute net domestic inmigration 1990-1995 (in thousands) Source: U.S. Bureau of the Census			
Area (1995 ranking)	1997 Population	Net Increase	Net Domestic Outmigration
Atlanta CMSA	3627	668	379
Phoenix MSA	2840	601	372
Las Vegas MSA	1262	409	323
Seattle CMSA	3368	398	162
PORTLAND cmsa	2113	272	157
Dallas CMSA	4683	646	157
Denver CMSA	2318	338	157
Austin MSA	1071	225	128
Raleigh MSA	1050	192	125
Orlando MSA	1467	242	138
Tampa MSA	2227	159	120
West Plam Beach MSA	1019	155	109
Charlotte MSA	1350	188	115
Nashville MSA	1135	149	89

Source: U.S. Bureau of the Census

표 4-1에서 보면 미국의 Census자료105)를 바탕으로 한 트렌드인
데, 미국 뉴욕 CMSA(Consolidated Metropolitan Statistical

Area)의 경우, 1997년 인구는 1천 9백만 876,000명인데, 같은 해에 순증가는 39만6천 명이고, 같은 해에 미국내 다른 주나 도시로 이주한 인구는 164만3천 명이었다. 로스앤젤레스 CMSA도 다른 지역으로의 순 유출인구가 143만 8천 명이었다. CMSA로 구분되는 대규모 도시들에선 대부분 지역 간 이동 면에서 인구의 순유출이 이루어지고 있는데, 이러한 트렌드가 한해의 이벤트가 아니라 지속적으로 진행되는 현상이라는 점이고[106], 이들 순유출 도시들은 대부분 SUN BELT 위의 도시들인 점이 특징이라 할 수 있다.

같은 표의 하단을 보면 대조적인 트렌드가 나타난다. 애틀랜타부터 내슈빌까지의 도시들을 보면, 인구가 약 100에서 300만 규모의 도시들인데, 이들 도시들은 소위 썬 벨트 하단의 도시들이며, 이들 도시들의 공통점은 순 국내 유입 인구가 발생하고 있다는 점이다. 위 표에서 애틀랜타의 경우, 국내 순 유입이 37만 9천 명이고 순 증가가 66만8천 명이어서 순 증가인구의 절반을 넘는 규모가 외부에서 유입된 인구임을 보여 주고 있다.

센서스 조사가 10년 주기로 시행되어 위 표가 인용한 데이터의 시기적 이슈로 보다 최근 상황을 보아도 같은 패턴이 유지됨을 볼 수 있다. 그림을 보면 2024년 기준으로 인구가 가장 크게 증가한 주들을 보여 준다. 2023년 7월부터 2024년 7월의 기간을 기준으로 Texas (+85,267), North Carolina (+82,288),South Carolina (+68,043), Florida (+64,017), Tennessee (+48,476)주가 그 예이다. 이들 주들은 위에서 언급한 썬 벨트 이하의 지역이다. [107]

반면, 2023년 7월부터 224년 7월의 기간을 기준으로 인구가 가장 급감한 주들은 California (-239,575), New York (-120,917), Illinois (-56,235), New Jersey (-35,554) Massachusetts (-27,480)로 나타났다. 즉, 2000년대초반의 센서스 데이터를 기준으로 한 트렌드와 2024

년 기준의 트렌드가 변화하지 않고 유지되는 점에 유의할 필요성이 있다.[108] 2023년의 그림도 2024년의 트렌드와 전혀 다르지 않다.

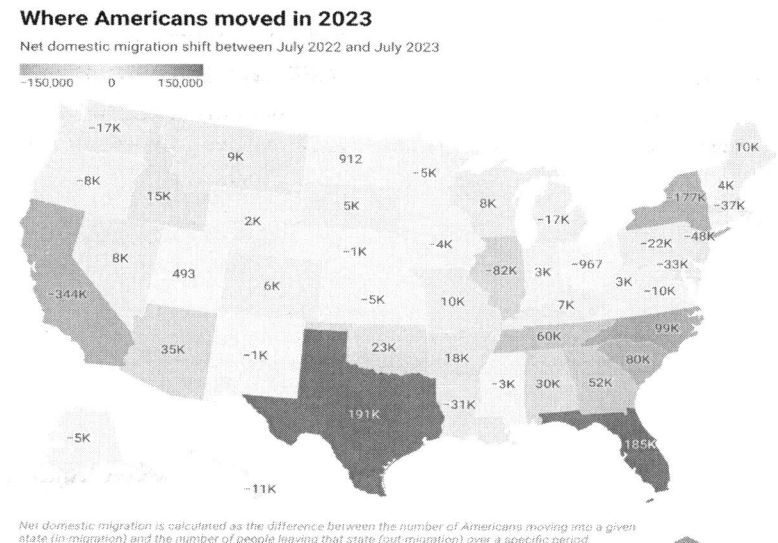

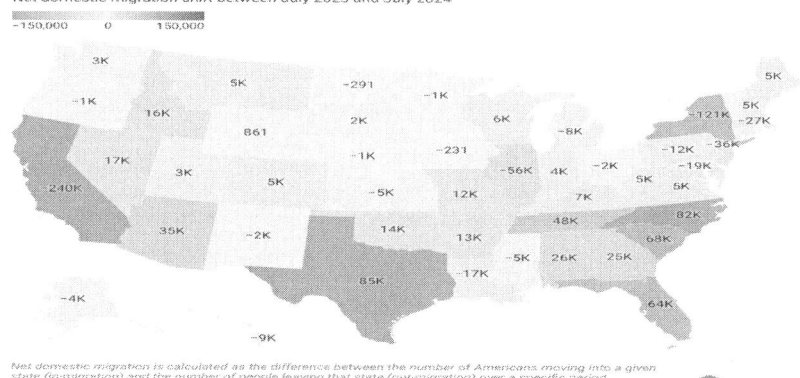

https://www.resiclubanalytics.com/p/net-domestic-migration-which-states-are-gaining-and-losing-americans

그림 4-1 미국 내 인구 이동 트렌드

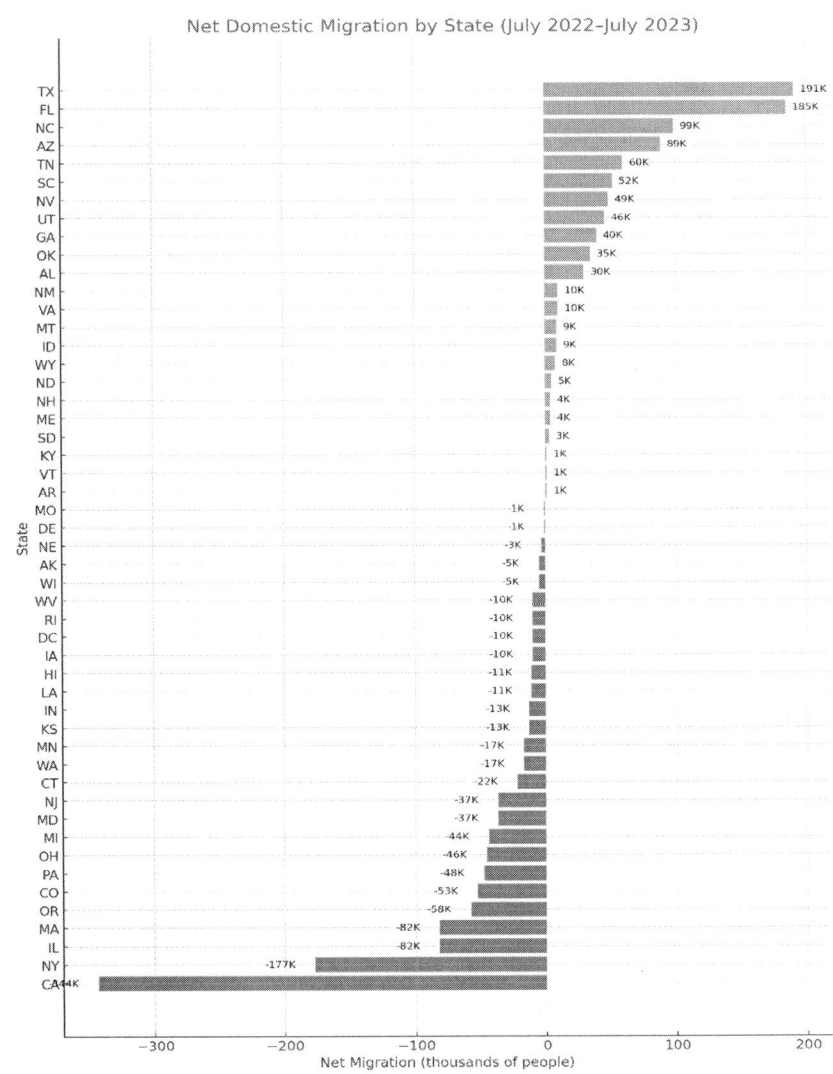

그림 4-1-a 미국 내 인구 이동 트렌드 2

제 2절 원거리간 협업(long distance collaboration) vs. 근접성(proximity argument) 논점

1. 주요 논점들

마이클 포터의 클러스터 이론이 지역 개발 이론계의 원 탑처럼 여겨지는 가운데, 이에 대비하여 클러스터 이론의 맹점을 지목하는 이론들도 다수 존재하고 있다. 논의의 핵심은 근접성(proximity)대신 원거리 협업이 지역개발에서 갖는 설명력이 크다는 점을 지적한다. 먼저 포터류의 이론에서 갖는 맹점으로 근접성 기반의 어떤 이론적 틀이 갖는 장점이 있다면, 이 틀(클러스터)을 이루는데 필요한 선행 조건이 무엇인지에 대한 미제시를 지적하고 있다. 즉, 이러한 선행 조건들이 없는 지역에서 어떻게 선행 조건들이 만들어지고 클러스터가 이루어지는지에 대한 제시가 없다는 점이다. 만일 포터류의 혹은 다른 지역 개발 관련 이론에서 그러한 선행 조건들은 그 지역에 선재하고 있었다거나 자발적으로 생성된다는 논리를 전개한다면, 이 경우엔 성공적인 지역 개발 혹은 클러스터화가 진행될 것이므로 왜 정책적 요소가 필요한지에 대해 함구한다는 점을 지적하고 있다. 109)

이러한 바탕 위에서 미국과 유럽의 주요 클러스터화 된 지역에서도 지역 내 보다는 지역 외의 원거리 네트워크에서 보다 강력하고 의미 있는 거래 관계가 확증되고 있으니, 클러스터 이론의 전능성에 대해서는 의문표를 던지고 있는 것이다.110)

2. 변수로서의 교통과 정보 통신

위에서 제기한 근접성 기반의 협업 대신 원거리간 협업이 증가한다는 증거는 무엇인가?가 주요한 논점이자 증빙의 요소가 된다. 물론 이러한 증빙에 대하여는 주장의 양측에서 치열한 공방이 가능하리라는 점을 미리 가정하면서 논의를 진행해 본다. 원거리 협력이 근거리 협업보다 최소한 부족하지 않고 오히려 더 중요해지고 있다는 점의 증빙 중 하나는 미국의 경우도 미국 국내선 항공 수요가 감소하지 않는다는 점이다.111)

물론 국내 항공 수요엔 레저 및 여행 수요와 비즈니스로 구분되겠으나, 통상적으로 일정 비율이 비즈니스 관련으로 볼때에도 디지털화의 진전으로 충분히 원거리 간 협력을 화상회의 등으로 대신할 수 있다면 굳이 비용을 유발하는 원거리 이동이 증가할 필요성이 없겠으나, 실상은 이러한 항공 수요가 줄지 않고 증가하고 있다는 점이다.112) 이러한 점은 유럽이나 우리나라의 경우도 동일하게 적용 가능한 논점일 것이다. 왜 KTX나 SRT 노선의 이동 수요가 줄지 않는가의 이슈이다.

이에 대한 설명은 굳이 네트웍 이론이나 심리학 이론을 인용치 않더라도, 사람 간의 중요한 관계에선 직접 만나는 것이 중요하므로, 초기엔 원거리 화상 등의 방식이 일정 수준의 관계 설정엔 도움이 되지만 구체적인 단계에선 직접 만나야만 한다는 전제가 있다. 클러스터 등의 근접성을 강조하는 이론으로 돌아가 보면, 이들 이론에서는 근접거리에 나에게 필요로 하는 중요 회사나 인물들이 다 모여 있어야 한다. 이것이 클러스터인데, 인위적으로 클러스터를 만들기 전에는 이점이 성립되기 어렵고, 변화하는 여건 중 새로이 등장하는 인물이나 회사를 모두 근접거리인 클러스터로 모두 입지 시킬 수도 없는 것이 현실에 가까울 것이다. 즉 클러스터 이론에서는 근접성의 범위 내에 조성된 외부효과(Locally bounded externalities)가 충분하다고 보는 입장이고, 반대 측에선 외부효과가 원거리에서 구해지는 경우가 더 많아진다는 제시를 하고 있는 것이다.

제 3절   서비스 산업과 제조업의 트렌드들

이 책의 앞부분에서 언급한 것처럼, 선진국 경제로 갈수록 전체 경제 활동에서 서비스업이 차지하는 비중은 커지고, 제조업 자체가 서비스업과 융합된 형태로 변화되는 경우도 존재하여, 먼저 전통적인 서비스업의 유형들을 살펴 보는 것이 필요하다.

1. 서비스 산업의 유형

서비스 산업의 유형에는 대부분 여러 학문 분과에서 공감대를 이루는 몇 영역으로 대분 된다.

1) 소비자 서비스 산업(Consumer Service Industry)

소비자 서비스 산업은 통상적으로 이해되는 서비스업의 영역이다. 통계면에서 활용가능성이 높고, 대부분의 국가들이 미국의 경제 구조에 대비하여 개별 국가들의 상황을 이해하기에 유효하므로, 미국의 사례들을 중심으로 논의를 전개해 보면, 미국의 경우, 전체 직업의 약 절반 수준이 소비자 서비스 산업군에 속한다.113) 세부적으로는 도소매업, 교육 서비스업, 건강 관련 서비스업, 레저 및 휴양 산업이 이 범주에 속하는데, 도소매업은 미국 전체의 고용의 약 15%를 차지하는 것으로 알려져 있고, 교육 부문도 미국 전체 고용의 7%를 차지하고 있다. 이 교육 부문 종사자들 중 약 삼 분의 이는 공립학교에 재직하고114) 나머지 1/3이 사립학교 종사자들이다. 헬스케어 즉 보건 의료 부문도 미국내 전체 고용 중 약 7%를 차지하고, 레저 및 휴양 부문도 전체 고용의 약 10%를 차지하는 것으로 보고되고 있다.

이 트렌드를 볼 때, 상당히 많은 수의 사람들은 교육 부문이 서비스 산업이라는 사실 자체를 인식치 못한 경우가 많을 수 있으며, 우리나라의 경우에는 사설 민간 학원부문에 고용된 인력도 소비자 서비스 산업에 속한다는 점이다. 사실 미래 트렌드 중 하나는 교육 부문 서비스 산업부문이 디지털 기술과 함께 대 통합되는 것일 수 있는데, IT와 미디어 부문이 교육 서비스 시장을 흡수하는 형태가 될 것으로 예측되고 있다.115)

2) 생산자 서비스 산업(Business Service or Producer Service Industry)

생산자 서비스 산업은 다른 산업을 지원해주는 서비스업이다. 미국의 경우 전체 직업의 약 25%가 여기에 해당 되는데, 흔히 high flyer로 불리는 부가가치 창출이 큰 서비스 산업군이다.116) 금융서비스업은 미국의 경우, 전체 고용의 약 6%를 차지하며, 이 중에서 은행업이 약 50%, 보험이 약 1/3을 차지하고, 나머지 부문은 부동산 관련 업종들이 해당 된다.

전문가 서비스업도 생산자 서비스에 속하는데, 변호사들이 근무하는 로펌, 회계법인 컨설팅 업체들, 엔지니어링 자문업체들, 디자인

업체들이 이 범주에 속하는데,117) 이들 업종에 근무하는 인력들 중
에는 해당 분야의 전문가들도 있고, 이들을 지원하는 사무, 비서직,
기술직 등 기타 인력들이 포함된다.

3) 공공 서비스 산업(Public Service)

정부 부문, 그리고 공기업 등에서 서비스를 제공하는 경우가 이에
해당된다. 미국의 경우 전체 직업중 약 17%가 공공 서비스 직군에 속
하며, 공공 서비스 직종으로 구분되는 직업 중 공립학교 근무자들은
소비자 서비스 부문에 포함된다.118) 공립 학교 관련된 직업과 직군은
초중등 학교뿐 아니라, 공공 부문에 속하는 대학교들까지 포함된다.

4) 생산자 서비스의 계층구조

그림 4-2 미국 국내 생산자 서비스 산업 위계도 예시

World city
Dominant
Major
secondary

Command& Control center
regional
subregional

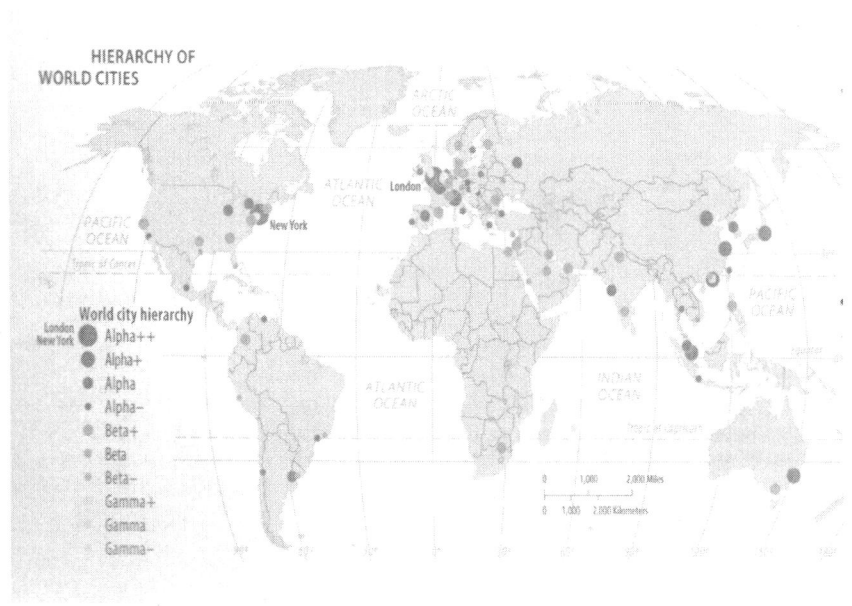

(Rubenstein, James M., William H. Renwick, and Carl T. Dahlman. "Introduction to contemporary geography." 에서 재인용)

그림 4-3 세계 주요 도시들의 생산자 서비스 산업 위계도[119]

생산자 서비스 산업에는 특별히 위계(hierarchy)가 존재한다.[120] 가장 일상적인 표현으로는 상업지에도 1급지와 2급지 등의 계층이 존재하듯이, 전세계적 상업 및 생산자 서비스 중심지부터 하위 단계까지의 계층별 구분이 존재한다는 점이다.[121]

그림 4-3에서 보면, 알파++ 급으로 분류된 도시들에는 뉴욕, 런던, 도쿄, 파리,상하이, 프랑크 푸르트, 시드니, 암스텔담 등이 포함되고, 알파+급 도시에는 서울, 싱가폴, 뉴델리, 마드리드, 상파울루, 모스크바 등이 해당된다.[122]

이러한 생산자 서비스 산업 내의 계층 구조를 결정 짓는 요인들은 복합적인데[123], 세계 주요한 금융시장과 거래의 존재, 세계적 금융 보험 및 각종 펀드사의 입지, 세계적 대기업 본사의 입지, 대기업들을 상대로 하는 대규모의 금융, 법률 회계 컨설팅 업체들의 존재, 광고, 기획, 마케팅 업체들의 입지, 해당 국가와 주변 국가들을 이어주는 국제기구나 준 국제 기구형 연계조직의 입지 등 다양한 요소들이 서로 맞물려 중심지를 결정케 된다.[124]

이러한 도시들의 입지 조건들은 4차 산업 혁명으로 인한 서비스 산업의 재편과 함께 그 위계가 변화 할 가능성도 존재한다.

2. 신 유형의 등장: 데이터 클러스터 /데이터 센터

1) 데이터 센터

위에서 살펴본 서비스 산업의 유형화는 데이터 경제의 시대, 인공 지능의 시대에 진입하면서, 반도체와 같은 첨단 제조업 뿐 아니라 매우 새로운 유형의 시설과 산업이 등장하는데, 이는 바로 데이터 센터 혹은 telehotel[125]로 불리는 도심 시설이다. 제4차 산업 혁명시대에 우리가 흔히 응용 분야만을 바라보곤 하는데, 이러한 응용 분야가 만개하기 위해서 반드시 필요한 기반 시설이 데이터 센터이다.[126]

이러한 트렌드를 따라서 이미 미국의 지자체들 중에는 데이터 센터를 유치하는 것이 지역 경제 성장의 지렛대가 되는지에 대한 논의가 있어 왔다.[127] 데이터 센터는 입지 조건 상 이제는 대규모 시설을 필요로 하며, 완전히 신규 시설로 넓은 부지에 지하시설 등을 포함하는 방식으로 구성 될 수도 있고, 텔리 호텔로 불리는 시설과도 같이 도심의 오래된 대형 건물 즉, 구 도심의 옛 공장, 혹은 백화점 건물 등이 개보수를 통해 활용되기도 한다.

지자체들은 이러한 시설을 유치하면서 데이터 산업의 중심이 되고자 하며, 지역 경제 성장의 지름길로 가고자 하는 의도가 존재하는데, 그 간의 미국의 사례로는 취업 유발 효과는 크지 않는 것으로 나타나고 있다.[128] 반면, 이러한 시설의 입지는 해당 지역의 전력 소비량은 크게 증가시키고, 용수의 활용도 증가시킬 가능성이 매우 커서,[129] 기존의 전력과 용수 활용 주체들과의 갈등은 사실상 피하기 어려울 가능성이 있다.

뿐만 아니라, 데이터 센터가 신규의 넓은 부지에 입지하는 경우가 아니라, 도심의 텔리 호텔형으로 조성되는 경우, 도심 미관 상으로는 어두운 파사드를 제공하고, 고용 증가의 효과는 데이터 센터의 투자 유치 규모 대비하여 크지는 않기 때문에, 지역 개발의 지렛대로 쉽게 제시하기는 쉽지 않은 선택지가 된다. 그러나, 인공 지능과 데이터 중심 시대의 필수 시설이기 때문에 국가들 중에는 이에 대한 유치 경쟁이 존재하는 점도 간과키 어려운 결정 요인으로 남아 있다.130)

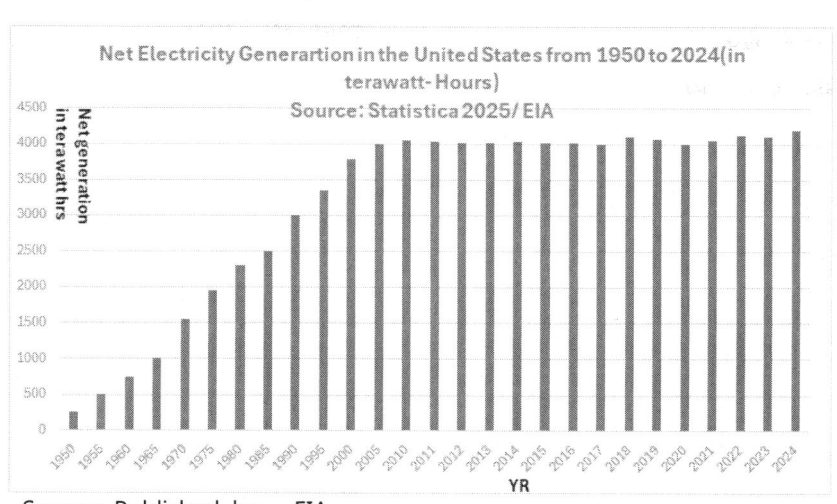

Source: Published by   EIA
Publication date   March 2025
Original source   Monthly Energy Review - March 2025

그림 4-4 미국의 전력 생산량 추이 1950-2024131)

　지난 74년간 미국의 전력 생산량 추이를 살펴 보면, 대략 2005년 경부터 정체 된 상태임을 볼 수 있다. 이에 대비하여, 인공 지능과 특히 데이터 센터가 요구하는 전력 사용 예측량은 전체 전력 수요와 공급 가능량 대비하여 비중이 무시할 수 없을 만큼 커지고 있다. 하단의 그림 4-5를 보면, 테라 와트 단위로 나타낸 전력 수요인데, 2029-2030년을 기준으로 볼 때, 미국 전체의 전력 수요 예측량의 상당 부분을 인공 지능과 데이터 센터 부문이 차지한다는 점을 알 수 있다.

즉 서비스 산업의 중핵 중 하나가 되는 인공 지능 및 데이터 서비스 산업의 경우, 전력 소요량이 엄청나면서도 이를 외면한 상태로 지역 개발이나, 클러스터의 논의를 진행하기에 부담이 되는 시점이 곧 도래함을 시사한다.132) 특히, 그림 4-5에서 나타나는 바와 같이 인공 지능 관련 전력 수요는 사실상 인류 역사 상 없던 수요가 갑자기 정례화 된 것이어서 급격한 판도 변화를 야기할 가능성이 크다.133)134) 더 정확히는 전력량뿐 아니라, 데이터 센터를 위해 필요한 용수를 둘러싼 갈등도 예견 가능한 이슈가 될 수 있다.135)

그림 4-5에서는 데이터 센터에 소요되는 전력량에 대한 예측치이고, 그림 4-6 에서는 인공지능 관련된 전력 수요량을 별도로 시나리오화 한 것인데, 예측치이므로 이보다 초과되는 수요 발생도 가능하다.136) 일반적으로는 데이터 센터의 전력 수요량에 인공 지능 관련된 전력 소요량이 포함되는 것으로 보게 되며, 그림 4-6 에서는 데이터 센터와 인공 지능 관련 전력 소요량 전체는 두 시계열 시리즈의 합으로 추산한다면, 그림 4-5 와 그림 4-6의 두 개의 시나리오에서 거의 비슷한 증가 트렌드를 예측하고 있다고 볼 수 있다

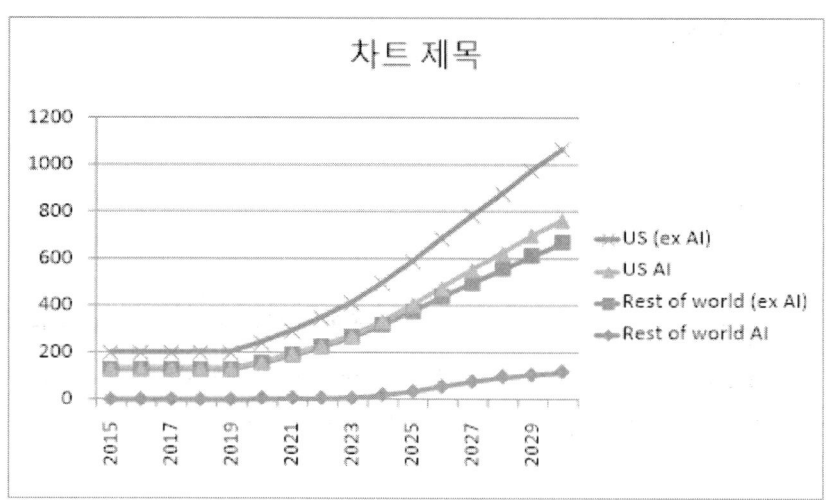

그림 4-5 Global data center power demand 2015-2030, by major region
Data center power demand worldwide from 2015 to 2023, with
a forecast to 2030, by major region (in terawatt-hours)[137]
Published by Goldman Sachs/ Publication date   May 2024
Original source goldmansachs.com

그림 4-5 Global data center power demand 2015-2030,

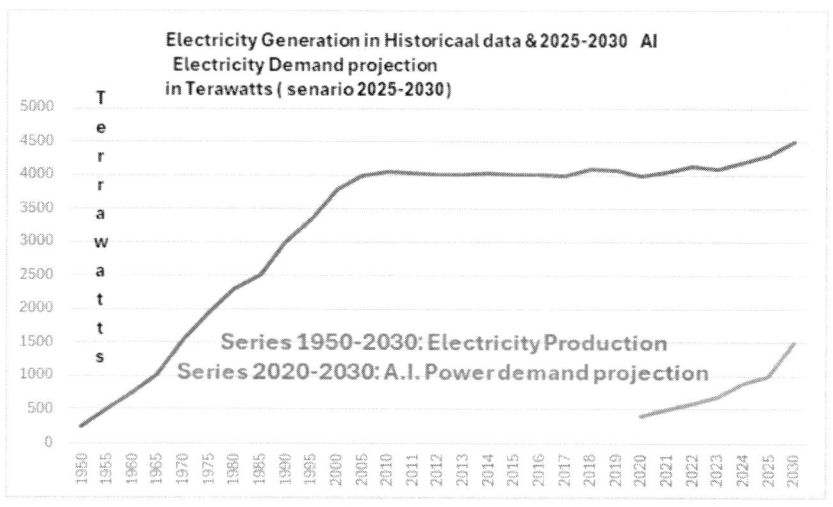

그림 4-6 미국 인공 지능 수요 예측량의 급증 시나리오

2) 플랫폼 중심의 서비스 산업과 제조업

서비스 산업은 이제 단순히 high flyer, low flyer의 구분을 넘어서서 플랫폼 중심으로 재편되고 있다. 플랫폼 기업은 데이터 기반의 연계를 통해 기존의 제조업 공급망과 서비스 산업 배송망을 연계하는 경향으로 구축되어가고 있으며, 여기에는 치열한 데이터와 정보 수집의 싸움이 전개되고 있다. 138)

당연히 이러한 싸움에는 엄청난 양의 연산력과 데이터의 유통이 필요하므로, 데이터의 축적과 활용, 보안 관련 이슈는 증폭될 수 밖에 없다.139)

제4절 기술변화와 중산층 위기론? 새 트렌드 등장?

제3절을 통하여 서비스업의 유형들을 살펴 보았고, 제1절을 통하여는 미국의 예를 통하여 이른바 SUN BELT 남부로의 이주 트렌드를 살펴보았다. 여기에 추가될 메가 트렌드는 전 세계적으로 기술변화와 중산층 위기론140)이 커지고 있다는 점이다. 제 1절에서는 미국 내의 경우에 "클러스터화"가 된 지역 대비, 상대적 낙후 지역을 대비하였는데, 여기에 추가되는 차원은 직종별 업종별 명암이 제 4차 산업 혁명을 포함하는 미래와 근미래의 기술변화로 인하여 심화된다는 점이다.

근 미래와 미래의 산업지형과 여기에 연동된 직업/구직 시장은 어떻게 될 것인가? 사실 수 많은 분석가들이 이론과 예측을 내놓고 앞으로도 내놓을 예정이지만 정밀한 예측에는 한계가 있는 어려운 질문일 수 밖에 없다. 그럼에도 저명한 학자들이 그간 제시해 놓은 이론들을 토대로 짚어 볼 수 있는 내용들이 존재한다.

1. 자본/기술이 인력을 대체한다

기술변화가 직업 시장과 산업계에 영향을 준다는 점은 이미 정립된 이론이며, 다만 구체적인 영향의 정도에 대한 차이와 업종 간 국가간 차이 등에 대한 계량화된 수치 값의 차이등이 존재한다는 데에 큰 이의는 없을 것이다. 이러한 논의는 매우 단순한 논점부터 시작된다. 즉 기계가 인간을 대체하는 시기가 오게 될 것이라는 가설이다.[141]이러한 주장과 논점의 예는 쉽게 찾아지는데, 동일한 대기업이 1960년대, 70년대와 90년대를 거쳐 오늘 기준으로 인력 투입의 정도가 어떠한지를 보면 바로 답이 나오게 된다.

그러나 여기서 논의가 조금 더 전선을 확대하게 되면 논의가 복잡해 지기 시작한다. 여기서는 직업 시장 변화의 주 변인 둘은 기술과 무역이라는 입장이다.[142] 이 논점에서 등장히는 영향력 있는 가설은 직업의 양극화론(Polarization of Job Market)이었다. 즉, 매우 고기술 분야와 흔히 low skill job이라 불리는 직종은 위의 두 변수의 영향으로부터 비교적 수월한 반면, 중산층은 세계 어디서나 양쪽에서 압력을 받는다는 중산층 위기론으로 연결되어 설명 되어 왔다. 이 주장은 지금도 타당한 논점으로 볼 수 있다.[143]

그러나 흔히 언급되는 제 4차 산업혁명의 시대에 특히 인공 지능의 발전이 하루가 멀게 느껴지도록 바른 시기에 이 주장은 타당성을 유지할 수 있을 것인가는 매우 흥미로운 관찰 포인트가 될 수 있다.[144] 이 단계에서의 주 관심점은 기술이 직업을 대체하는 속도가 될 것이다. 신 기술이 다시 새로운 직업을 창출한다면, 비교적 낙관적인 전망을 견지할 수 있겠으나, 그렇지 않다는 주장도 이미 제기되고 있다.145) 요즘의 맥락에서 다시 써본다면, 인공 지능이 얼마나 신속히 잡 마켓을 침공할 것인가가 논점이 될 것이다. 트럭 운전 특히 고속도로에서의 종대형 fleet의 경우, 인공 지능이 더 적합도가 높을 수 있다는 주장이 있고, 수술을 맡는 의사와 변호사의 업무도 사실상 할양해 주어야 할 수 있다.146)이러한 주장들의 공통점을 정리해 보면

- 대부분의 사람들은 기술변화에 뒤처지게 될 것이다.147)
- 산업 로봇의 집약도가 높은 지역에서는 고용에 부정적인 영향이 발생한다.148)
- 충분한 일자리의 제공이 사회 안정에 긴요하다.

이러한 부정적 미래 전망에 대비하여 낙관론도 존재한다.

이 관점에서의 주요 논점은 기술변화가 고용에 파괴적이라는 주장에 동의 하기 어려우며, 신 기술 등장 이후 새 일자리 창출 속도가 둔화된 것에 대한 설명을 제시하기는 쉽지 않으나, 직업 시장의 어려움이 컴퓨터에서 귀인한다는 주장에 바로 동의하지 않는다. 즉 오늘날의 맥락에선 인공 지능 등장으로 바로 job market이 타격을 입는 것이 아니라는 주장이다.149)150) 이 논조에서 강한 버전에서는 디지털화가 일자리 변화를 크게 일으켰다는 주장에 대해 회의론을 피력하기도 하였다.151)152) 추가적으로 디지털화와 로봇의 증가는 고용을 증가시킬 것이고, "미국의 위기는 노동자가 충분치 않다는 것이다"라는 난관론의 다른 끝 스펙트럼에 위치한 논의들도 있다.153)

이 두 입장에 대비하여 보다 정제된 이론적 예측치도 존재한다. 즉 앞으로의 job market에서 ① 직무 양극화의 종식, ② 저임금 서비스

직 고용의 정체, ③ STEM 직종의 급격한 성장, ④ 소매 판매직 고용의 감소는 최근 미국 노동 시장에서 기술로 인한 구조적 변화의 속도가 가속화되는 것이 주 특성이 될 것이라고 보는 입장이다.154)

이 견해를 제시하는 논자들 중 로렌스 써머스는 직무 양극화란 임금 분포의 상하단에서는 고용이 증가하고, 중간 수준의 임금 직무에서는 고용이 감소하는 현상인데(Autor, Katz, Kearney 2006; Autor 2019), 이러한 패턴이 지난 수십 년에 걸쳐 진행되었으며, 많은 선진국에서 관찰되었고, 제조업 자동화, 사무 소프트웨어의 확산 등 기술 변화와 밀접히 연결되어 있다고 본 것이다.

즉, 그동안의 데이터를 기반으로 하여, 1980년대부터 2022년까지 각 직종군의 고용 점유율 변화 추이를 보면, 2000~2010년 기간 동안에는 임금 분포의 양쪽 끝(고임금·저임금)에서 고용이 증가하고, 중간 임금 직종은 감소하는 전형적인 양극화 패턴이 나타났던 반면, 2010~2016년 기간엔 양극화 현상이 다소 완화되었으나 여전히 지속되었고, 2016~2022년 시기에 이르면서 양극화가 종결되었고, 고임금 직종의 고용이 급증하는 전반적 기술 고도화(skill upgrading) 패턴이 나타났다고 본 것이었다.155)

특히, 이 시기에는 중간 및 저임금 직종의 고용 점유율이 각각 약 2%포인트씩 감소하고, 고임금 직종은 4%포인트 이상 증가하면서, 노동 시장이 더 이상 '양극화'가 아닌, 기술 역량 중심으로 재편되고 있음을 지적하고 있다.156)

2. 논점들에 대한 정리와 추가적 논점들

시간차

이들 견해들을 잠시 살펴보면, 디지털화의 충격이 얼마나 신속히 산업계를 휩쓸 것인가에 대한 논의는 다른 각도에서 보면 기술의 수용 속도의 문제이기도 하다. hyper-cycle model은 여기에 어느 정도의 이해를 위한 돌파구를 제시해 준다.157)

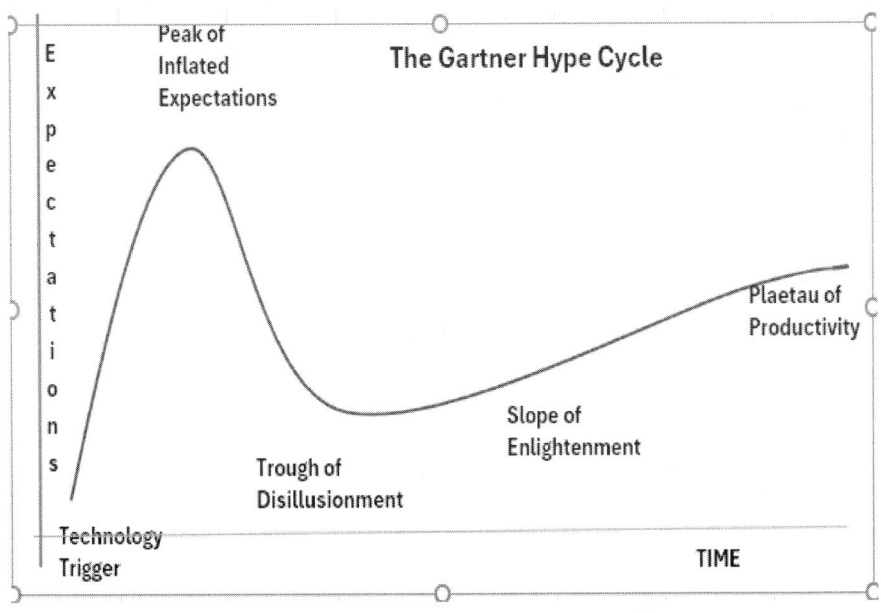

그림 4-7 가트너 그룹의 하이프 사이클 모델 1

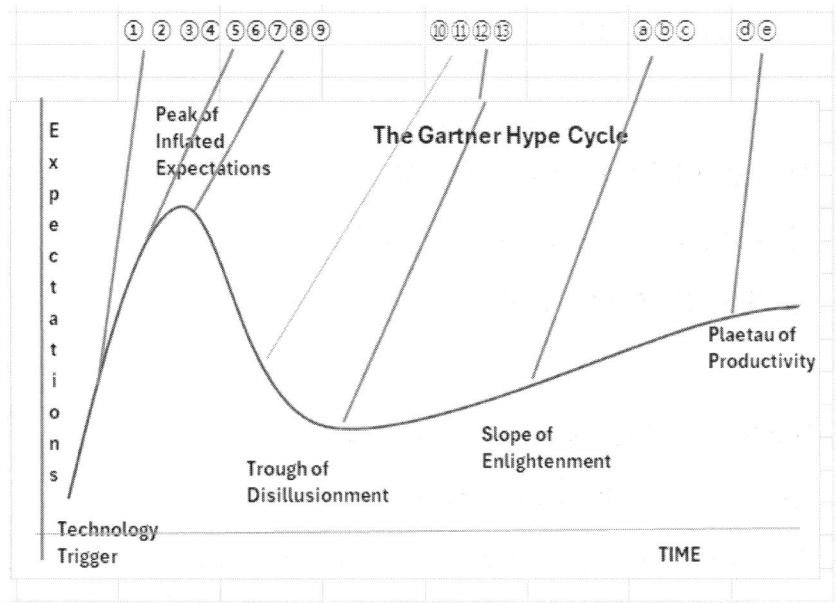

그림 4-8 가트너 그룹의 하이프 사이클 모델 2

Technology Trigger 단계 예시(2025년 기준)

① 퀀텀 컴퓨팅　② 3D 바이오 프린팅

③　스마트 더스트 ④ 바이오 쿠스틱 센서

(BIOCOUSTIC SENSOR)

Peak of Inflated Expectations 단계 예시

⑤ 완성된 자율주행차 ⑥ 바이오 칩

⑦ Speech to Speech translation ⑧ 빅 데이터

⑨ Wearable User Interface

Trough of Disillusionment 단계 예시

⑩ 증강현실　◯ 모바일 헬스 모니터링

⑫ 클라우드 컴퓨팅 ⑬ NFC

Slope of Enlightenment 단계 예시

ⓐ 가상 현실　ⓑ 기업의 3D 프린팅

ⓒ In Memory Analytics ⓓ Gesture control

ⓔ 바이오 인증 방법

Plateau of Productivity 단계 예시

ⓕ Consumer Telematics ⓖ Location Intelligence

ⓗ 음성 인식 ⓘ Predictive Analytics

　미국의 컨설팅 회사인 가트너 그룹이 제시한 기수 수용성에 대한 모델로서, 신 기술이 처음 등장했을 때 엄청난 기대와 가 수요를 동반한다는 점을 보여 준다. 그러나 초기의 과도한 기대와 달리, 신 기술은 사회에 직접적인 효능감을 주기에는 시간이 더 소요된다. 즉 기술의 완성도가 기대치보다 낮아서 사람들의 관심이 다소간 사그러

들고 그 이후에 제대로 된 기술 수용성의 안착과 활용도가 인정 받게 되다는 모델이다.158)

앞에서의 논의에 적용해보면, 인공 지능, 로봇, 디지털화가 job market에 가져올 파장은 엄청난 것임에 틀림없는 트렌드일 것이나. 예컨대, 로봇화의 경우, 자동차 산업에 대규모로 도입이 되었으나, 일정 시간을 갖고 진전되어 대량 해고로 이어지지는 않고 있고, 인공 지능과 빅데이터의 경우에도 그림에서 기대치의 최정점에 근접하고 있으나, 실제적 응용과 잡 마켓에 대한 영향력이 본격적으로 오려면 다소간 시간이 소요될 것이라는 시사점을 주고 있다.

STEM JOBS

미국을 선두로 하여 대부분의 선진 경제권에서 STEM 관련 직종이 뜨고 잇다는 점에는 부인할 논자가 적을 것이다.

이 직군은 "STEM"이라는 용어에서 유래한 것으로, STEM은 Science(과학), Technology(기술), Engineering(공학), Mathematics(수학)의 네 분야를 의미하여 과학, 기술, 공학, 수학 분야의 지식을 기반으로 하는 직종으로, 문제 해결, 분석, 설계, 연구, 데이터 처리 등의 고부가가치 능력을 필요로 하는 직종이며 디지털 전환, 인공 지능, 친환경 에너지, 바이오 산업 등 미래 산업의 핵심 인력이어서 수요가 증가하고, 전문성을 요구하는 만큼 평균 연봉도 다른 분야보다 높으며, 즉 WAGE RENT가 작용하는 직군이고, 산업, 교육, 연구, 공공기관, 스타트업 등 진출 분야가 다양한 특성을 지닌다. 159)

표 4-2 STEM 직종 예시

분야	분야 예시	설명
과학 (Science)	물리학, 생물학, 화학, 환경 과학 등 전공자	자연 현상을 이해하고 실험 및 연구를 통해 새로운 지식을 창출
디지털기술 (Technology)	코딩 개발자, 데이터 분석가, 시스템 관리자, 사이버 보안 전문가	정보기술(IT) 분야에서 문제를 해결하고 기술적 솔루션을 설계
공학 (Engineering)	기계공학, 전기공학, 토목공학, 항공우주공학 전공자	다양한 기술적 요구에 맞는 시스템, 구조물, 장비를 설계 및 구현
수학 (Mathematics)	수학자, 통계학자, 금융분석가, 알고리즘 전문가	정량적 분석, 모델링, 예측 등을 통해 문제 해결에 기여

3. 기술 변화 예측의 한계성

소매업 및 판매직 감소는 대부분의 논자들이 공통적으로 제기하는 트렌드이다. 이는 플랫폼 기업의 등장에 의한 결과로 볼 수 있다.

이러한 직업 상의 트렌드에 대한 예측도 기술의 변화와 이에 대한 시장의 수요를 완전히 예측해 내고 있지는 못하다. 최근 IT 업계에서 많이 해고 되고 있는 직종의 예시에는 코더 즉 개발자 직군이 포함되어 있는 점이 이러한 취약성을 대변하는 예일 것이다.160)

제5장 메가 광역 클러스터의 논의

이 책의 앞부분을 통하여 클러스터와 관련된 여러 이론들을 살펴 보고, 오늘날과 미래의 시점을 두고 갖는 시사점들을 제시하여 보았다. 이제 5장에서는 이 클러스터의 논의를 우리 나라의 맥락에서 적용해 볼 때 고려해야 할 사항들을 염두에 두고 논의를 전개해 보고자 한다.

제1절 클러스터 논의의 유용성과 한계점들

본서의 앞장들을 통하여서 클러스터를 통한 지역 개발의 논의를 이어오고 있는데, 이 논의를 함과 동시에 그간의 우리 나라에서도 클러스터에 해당되는 정책적 노력들을 반추해 보면, 나름대로의 제약 요인들이 존재했던 점을 인지할 수 있다.161)

여기에 해당되는 몇가지 유형들을 살펴보면, 우리나라 연구개발 사업에서도 각 지역마다 중복된 특화 사업이 유행한 바 있고,

부처간 업무 영역의 중첩으로 인한 클러스터 추진상의 장벽 (산업부-중기부) (산단공-중진공)이 존재해 왔던 점들을 인정케 된다.162)

보다 일반화된 영역에서도 기존의 광역 행정의 한계로 공항 이전, 하수종말 처리장 건설, 화장장 입지 등 광역 행정의 방법으로도 해소치 못한 정책 이슈들이 존재해 왔다.163)

광역 행정(廣域行政, metropolitan administration 또는 inter-jurisdictional administration)은 행정구역의 경계를 초월하여 인접한 지방자치단체들이 공동의 문제를 효율적으로 해결하고자 협력하는 행정 형태를 의미하는데, 다음의 기능적 특성을 추구한다.164)

- 기능적 통합성: 교통, 환경, 상하수도 등 광역적 사무에 대해 공동 대응
- 자율적 협력: 지자체 간 수평적 협력관계를 지향
- 정책 조정 기능: 중복투자 방지, 자원 배분의 효율화
- 지역 간 형평성 제고: 중심도시와 주변지역 간 격차 완화

그러나, 광역 행정은 한계점들을 지니고 있다.

첫째, 제도적 기반의 미비로서, 광역 행정 협력에 대한 법적 강제성 면에서 대부분 임의적이고, 법적 구속력이 미약하여 실질적인 정책 집행력이 부족하고, 둘째, 각 지자체의 정치적 이해와 주민의 민감한 반응(예: 혐오시설 설치 등)으로 인해 합의 형성이 어렵게 되고, 셋째, 광역 협력 사업에 대한 재정 지원체계가 미흡하며, 국고보조금에 대한 의존도가 높은 편이다 보니, 공동사업 추진 시 재정 분담비율 등을 둘러싼 갈등이 상존해 왔고, 넷째, 중앙정부, 광역지자체, 기초지자체 간의 역할 분담이 명확하지 않아 기능 중복, 책임모호 등의 이슈가 존재해오고 있다.165)

여기에 지자체 간의 경쟁 격화와 지역 인구 감소로 인한 제도로서의 적실성 감소 이슈도 잠재하여 있다. 이러한 이슈들을 보다 효능감 있게 타개해 나가기 위한 방향성이 메가 클러스터인데, 제2절을 통해 살펴본다.

제2절 메가(광역) 클러스터 설정의 필요성[166]

1. 클러스터 논의와 물/ 용수의 활용

미래뿐 아니라 현재에도 물과 용수, 즉 용수라 함은 보다 용도에 적합한 수준과 등급의 물을 말한다고 할 때, 물과 용수의 수급 이슈는 점차 사회 경제적 이슈로 부각될 가능성이 크다.[167]

예를 들어 현재는 비교적 부가가치를 크게 일으키지 못하는 농업지역에 대규모 데이터 센터가 입지한다면, 바로 전력과 용수의 이슈가 대두될 가능성이 있다.[168] 이렇게 미래적 이슈로 가기 전에도 반도체 공장이 입지할 때엔 반드시 전력과 용수의 공급은 어찌할지의 이슈가 지자체와 업체들에겐 큰 이슈가 되어 왔다.[169]

이미 다른 나라들에선 물 부족이 생존의 이슈로 대두된 지역이 많기 때문에 심각도 면에서 여러 결정 주체들의 인식의 심각도가 예리하게 설정되어 있는 반면[170], 우리의 경우는 아직까지 물 부족이라는 이슈를 피부에 절감치 못하고 있는 면이 존재한다.[171] 만일 동일한 조건들 하에서 기후변화로 인해[172] 전지구적 강우량이 감소하는 시기를 만나게 된다면[173], 바로 심각도의 수준은 격상될 것이다.[174]

하수 처리 면에서도 어디에 시설을 둘지, 비용 분담은 어떻게 할지를 두고 이미 수십년 이상 지역간 지자체 갈등을 우리나라의 경우도 경험해 본 바 있는데[175], 앞에서 살펴본 바와 같이 기존의 광역 행정의 틀과 제도로선 해결이 쉽지 않고[176], 갈등 조정의 비용의 증대로 총 사회적 비용이 증가하는 국면을 맞게 될 가능성이 크다.[177]

2) 산업생태계와 정책 추진

앞서 제시된 부처 및 지자체 간의 지나친 중첩 이슈와 경쟁에 대한 대안으로, 그리고 산업 생태계의 규모의 경제를 위해서도 메가 클러스터가 장점을 지니게 된다.178)

2. 전력 그리드 망과 전력 생산과 그리드 망의 의미 중요성: 사이버 자야 사례

말레이시아 사이버 자야 사례는 주요 IT 시설들에 대한 이중 그리드 망의 보장을 최초 기획 단계부터 보장한 점이 30여년전엔 획기적 제안이었고, 오늘날과 미래에도 데이터 센터 등의 건립 조건 상 매우 기본적인 조건이 된다는 점에서 큰 의미를 지닌다.179)

IT 중심 도시라는 개념의 사이버자야(Cyberjaya)는 1995년 말레이시아 연방정부가 의뢰한 멀티미디어 슈퍼 코리도어(MSC)에 대한 맥킨지(McKinsey) 컨설팅사의 연구에서 탄생하였다.180) 개발의 촉매제는 1996년 일본의 NTT가 새로운 말레이시아 행정 중심지인 푸트라자야(Putrajaya) 서쪽 지역에 연구개발 센터를 설립하기로 한 협약이었다.181)

MSC 이행 감독 기관인 멀티미디어 개발공사(Multimedia Development Corporation, MDEC, 당시 MDC로 알려짐)는 사이버자야에 설립되어 개발 과정을 감독하였다. 부동산 개발은 1997년 초 Cyberview Sdn Bhd(Cyberview)에 민영화 방식으로 맡겨졌다. 당시 Cyberview는 Setia

Haruman Sdn Bhd(SHSB), NTT, Golden Hope, MDEC, Permodalan Nasional Berhad(PNB), 쿠룸풀란 다룰 에산 버하드 (Kumpulan Darul Ehsan Berhad, KDEB)와 같은 셀랑고르 주정부 대표 기관들의 합작 법인이었다.

SHSB는 Renong, Landmarks, MKLand, Country Heights로 구성된 컨소시엄으로 개발을 주도하도록 요청받았다. 연방정부 관련 기업인 텔레콤 말레이시아(Telekom Malaysia)와 테나가 나시오날 (Tenaga Nasional)은 통신 및 전력 기반시설 구축을 담당했다. 초기 계획은 2006년까지 1,430 헥타르를 개발하고, 나머지 1,460 헥타르는 2011년 이후에 개발할 예정이었다. 공공 시설 및 인프라 건설 관리를 위해 엔지니어링 관리 컨설턴트 Pengurusan Lebuhraya Bhd (현 Opus International Malaysia)가 임명되어 Peremba와 United Engineers Malaysia(UEM)와 같은 주요 건설사를 감독하였다.182)

하지만 1997년 말 아시아 금융위기로 인해 프로젝트가 경제적으로 불가능해지면서 정부는 SHSB와 NTT가 보유한 Cyberview의 지분 각각 55%와 15%를 재무부 산하 법인(MOF Inc.)을 통해 인수하였다. 이를 통해 MOF Inc.는 Cyberview의 지분 70%를 확보하였고, 이후 Cyberview는 정부 소유 기업으로 유지되었다. 이후 Cyberview는 Country Heights Holdings Berhad(CHHB), Landmarks, MKLand의 자회사 Menara Embun, Renong(UEM World)으로 구성된 주주들과의 합의를 통해 각 주주가 25%의 지분을 보유하도록 하였으며, Cyberview는 토지 소유주로서 SHSB에게 사이버자야 개발의 마스터 개발자로서의 권리를 부여하였다. 2004년 CHHB와 Landmarks는 지분을 MKLand 자회사인 Modern Eden(12.5%), Impressive Circuits(12.5%), Virtual

Path(25%)에 매각하여, MKLand 계열 회사들이 SHSB의 최대 주주가 되었다.183)

Cyberview는 다양한 개발 및 정부 사업 이행의 역할을 맡았으며, SHSB는 마스터 개발자 역할을 지속하였다. 추가로 Cyberview는 도시 전반의 유지보수 관리와 투자자 관계 및 지역사회 중심 프로그램을 주도하는 임무도 맡게 되었다.

2008년 8월, 사이버자야는 2007-2008 BrandLaureate Award 에서 기업 브랜딩 부문의 "국가 ICT 허브 최고의 브랜드(Best Brand in National ICT Hub)"로 선정되었다.

사이버 자야프로젝트와 관련하여 기획 단계뿐 아니라 지금까지도 다른 클러스터들에게 모범이 되는 것은 전력 그리드망의 설계와 요구 조건인데, 이 지역에는 MSC 인센티브를 받을 수 있는 자격을 갖춘 많은 기업들이 사이버자야로 운영 시설을 이전하였다. 그 중에는 다음 기업들이 포함된다.184)

Huawei

T-Systems

Dell

DHL

Tech Mahindra

Wipro

HSBC

OCBC

BMW

IBM

Monster.com

현재 500개 이상의 MSC 지위 기업(2022년 이후 "MD" 지위로 개명)이 사이버자야에 위치하고 있으며, 이로 인해 사이버자야 지역은 빠르게 성장하는 지역이 되었다.

MKN Embassy Techzone은 약 41에이커(17 헥타르)의 사이버자야 핵심 부지에 위치한 자유 보유권의 ICT 비즈니스 파크 프로젝트로, 다국적 기업에게 임대를 목적으로 하고 있다. MKN Embassy Development Sdn Bhd는 이 프로젝트를 개발하고 있으며, 이는 말레이시아의 EMKAY 그룹과 인도의 Embassy 그룹 간 합작법인이다. EMKAY 그룹은 이 특화된 ICT 건물 개발을 위한 전략적 파트너로 참여하고 있다.[185]

인프라

통신 인프라

사이버자야는 멀티미디어 산업을 유치하기 위해 광범위하고 밀집된 광섬유 케이블 설치를 명시하였다. 말레이시아의 주요 IT 허브인 사이버자야는 사이버자야 메트로 광섬유 네트워크(Cyberjaya Metro Fibre Network, CMFN)를 통해 통신 인프라의 기반을 마련하였다. CMFN은 Allo Technology Sdn Bhd(구 Setia Haruman Technology Sdn Bhd)가 운영하고 있으며, 이 네트워크는 통신사업자와 인터넷서비스제공자(ISP)가 자유롭게 접근할 수 있는 개방형 인프라이다. CMFN은 "빌딩 광섬유망(Fibre-To-The-Building, FTTB)" 및 "가정 광섬유망(Fibre-To-The-Home, FTTH)" 개념에 따라 건물까지 직접 광섬유 연결을 제공한다. 대부분의 상업용 건물과 사무실은 CMFN에 연결되어 있으며, 링 토폴로지를 통해 네트워크의 전체적인 이중화를 구현하여 고용량 및 높은 복원력을 보장한다. 그 결과 다수의 데이터 센터가 CMFN에 연결되어 위치하고 있다. 그러나 일부 오래된 상업 및 주거 시설은 여전히 동선 케이블을 사용하여 고객에게 최종 구간 접속(Last Mile Access)을 제공하고 있다. 광대역 서비스는 무선 및 유선으로 제공되며, Cyberjaya Broadband(City Broadband), Time, TMnet, NTT MSC가 주된 제공자이다.

비상 전력 공급

사이버자야 계획 지침은 두 개의 별도 변전소에서 오는 이중 전력 연결을 엄격히 요구하였다. 모든 상업용 건물에 공조를 제외한 전체 부하를 커버할 수 있는 디젤 발전기 설치가 명시되었다. 전력망 연결은 "전력섬(power islanding)" 기능을 지원하며, 세르당 발전소(Serdang Power Station)의 지원을 받는다.186) 전력 서비스 표준은 사무실과 상업지역에서 99.99% 가용성을 목표로 하며, 최대 10초간의 중단 허용 범위를 가지며, 주거 지역의 경우 최대 15분간의 중단이 허용된다.187) 이러한 조치는 사이버자야가 다른 멀티미디어 슈퍼 코리도어 지역 대비 경쟁 우위를 점하도록 설계되었다. 그러나 Tenaga Nasional은 이후 말레이시아 국가 전력망에 연결된 모든 도시 지역에도 동일한 기준을 확대 적용하였다.188)

지역 냉방 시스템

중앙 플랜트에서 냉각수를 공급하여 에어컨 시스템을 운영하는 지역 냉방 시스템은 중앙 지구에 광범위하게 설치되었다. 이를 통해 야간 전력 소비가 낮은 시간대에 냉각수를 만들어 낮에 사용할 수 있게 하는 경제적 이점을 제공한다. 이 서비스는 Cyberview의 자회사인 Pendinginan Megajana Sdn Bhd가 제공하고 있다.189)

데이터 센터

사이버자야에는 Shell을 위한 T-Systems, NTT MSC, BMW, DHL 등 다수의 데이터 센터가 운영되고 있다. 중소기업(SME)에 적합한 소규모 데이터 센터인 City Command Center Cyberjaya(CCC) 데이터 센터에서는 서버 공간 임대(Rack Location Unit, RLU) 및 서버 공동 배치 서비스를 제공한다.190) 또한, CX1, CX2, CX5와 같은 캐리어 중립적이고 목적 특화된 고급 데이터 센터 시설도 있으며, 이는 CSF Advisers(CSF 그룹 소속), Basis Bay, MyTelehaus가 관리한다. 추가로 말레이시아 중앙은행(Bank Negara Malaysia)과 도로교통부(Road Transport Department) 등 정부 기관 전용 데이터 센터 시설도 위치하며, 말레이시아의 주요 통신사인 Telekom Malaysia(TM) 역시 자체 데이터 센터를 운영하고 있다.191)

콜센터

사이버자야에는 HP, IBM, HSBC 등 다수의 콜센터 및 서비스 데스크가 운영되고 있다.

제3절 다른 국가들의 참고 사례들

1.아시아와 미국의 연구 및 생산 클러스터들

1) 싱가포르

싱가포르는 산업 발전을 위한 클러스터 정책에서 오랜 전통을 보유하고 있다. 현재 싱가포르에는 총 6개의 클러스터가 존재하며, 이들은 23개의 전략적 산업 분야를 아우른다. 이러한 클러스터 정책은 통상산업부(Ministry of Trade and Industry, MTI)가 주도하고 집행하고 있다. 싱가포르는 동남아시아국가연합(ASEAN)의 회원국으로 활동하고 있다.[192)]

경제 및 정치적 맥락과 틀

싱가포르는 세계에서 가장 빠르게 성장하는 경제 국가 중 하나로, 1인당 국내총생산(GDP)이 IMF 2025년 자료 기준으로 약 92,930 USD로 높게 나타났다.

국내 클러스터 공동체

싱가포르 경제의 급속한 발전은 정부의 지속적인 산업 정책 개발 역량에 기반을 두고 있다. 이에 따라 최초의 싱가포르 클러스터는 1980년대에 출현하였다. 현재 싱가포르의 산업 정책은 2016년에 제정된 산업변환지도(Industry Transformation Map, ITM)에 의해 추진되고 있다. 이 지도는 싱가포르의 산업들을 23개 부문으로 나누어, 국가 GDP의 80%를 차지하도록 구성하였다.[193)] 각 부문별로 로드맵의 실행을 위해 총 28억 유로의 예산이

할당되었고, 산업변환지도는 싱가포르 통상산업부에서 설계하고 시행하고 있다.

2018년 싱가포르는 23개 산업 부문 간의 연결성을 강화하여 혁신을 촉진하기로 결정하면서 새로운 클러스터 정책으로 구체화되었다. 재정부(Ministry of Finance)의 주도로 당국은 23개의 핵심 산업들을 6개의 클러스터로 그룹화하였으며, 각각은 장관이나 민간부문 대표가 책임을 맡게 되었다. 6개 클러스터는 다음과 같다.194)

제조업(Manufacturing)

건축 환경(Built environment)

무역 및 연결성(Trade and connectivity)

필수 국내 서비스(Essential domestic services)

현대 서비스(Modern services)

라이프스타일(Lifestyle)

클러스터 발전과 국제화를 촉진하는 정책

ITM 정책은 싱가포르 기업의 국제화를 지향하고, 각 로드맵에는 기업들이 해외 시장으로의 확장을 지원받을 수 있도록 맞춤형 국제화 전략이 포함되어 있다.195)

2) 미국 캘리포니아 /텍사스주의 클러스터들

그림에서 나타나는 바와 같이 미국 전국에 걸쳐 특정한 산업으로 유명한 곳들이 존재한다. 이들 지역은 클러스터로 볼 수 있어서, 잘 알려진 실리콘 밸리 외에도 다양한 클러스터들이 존재한다. 다만, 클러스터의 숫자가 많다 보니, 클러스터 개념의 오남용에 대한 논의가 나올 만큼, 미국 전국에 걸쳐 클러스터로 규정 가능한 집적지들이 존재하고 있다. 여기에 포터의 개념에 부합하도록 대학이 존재하는 곳들 즉 리서치 트라이앵글이나, 보스턴, 스탠포드대 인근 등의 연구 중심형 클러스터들이 존재하고 있다.

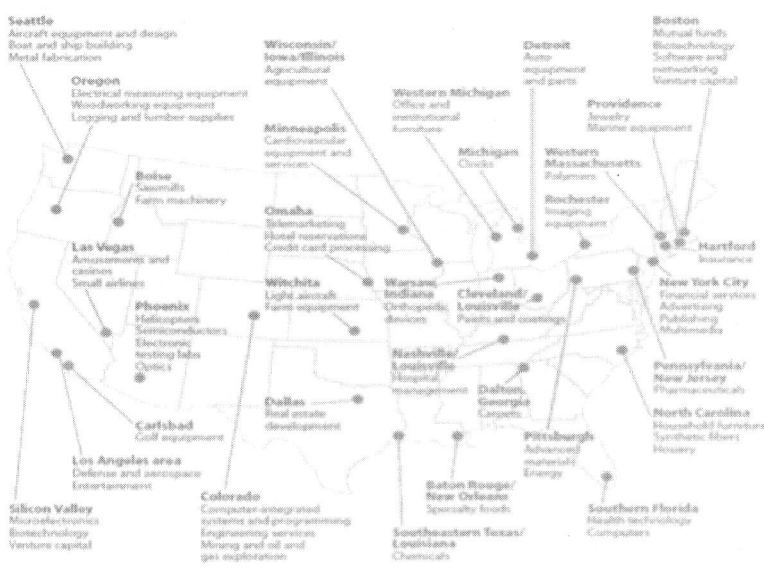

그림 5-1 미국내 클러스터들(구글 이미지)

3) 한국의 클러스터: 산업통상자원부 중심의 미니클러스터와 서울 지역 클러스터의 예

한국의 클러스터 발전 현황

본서의 앞부분에서는 연구형 클러스터를 중심으로 한국과 프

랑스 등의 사례를 살펴 보았는데, 이 부분에서는 주로 산업 클러
스터에 초점을 두고 살펴본다. 이런 맥락에서 한국의 클러스터중
에는 산업통상자원부(MOTIE)의 주도 아래 산업단지 내에 조성
된 미니 클러스터(mini-cluster) 형태도 제시될 수 있다.

   한국에서 산업 클러스터 협력에 관한 정책의 집행 기구는 산업
통상자원부 산하의 한국산업단지공단(KICOX)이며, KICOX는 국
내 클러스터 플랫폼을 총괄하며, 산업부/산단공의 클러스터 정책은
과거부터 추진되어 온 산업단지 또는 기술단지 시책의 연장선 상에
서 추진되는 "미니 클러스터" 형태로 전국적으로 총 62개의 산업단
지가 운영 중이며,196) 이들은 다양한 산업 부문을 포괄하고 모든 지
역에 고르게 분포되어 있다. 즉, 과기부 중심의 연구 클러스터와 구
분되는 생산 중심의 클러스터 시책들이 존재하고 있다.197)
   이렇게 중앙정부 차원의 산단공을 중심으로 하는 클러스터화
시책들과 지자체들 별로 별도의 지역 클러스터들이 추진되고 있
는데, 서울경제진흥원을 중심으로 하는 서울지역의 사례들을 살
펴 볼 수 있다.
   서울경제진흥원(SBA)의 산업거점 활성화 사업은 서울시의 주
요 산업 클러스터를 중심으로 기업 생태계를 조성하고, 혁신과
협업을 촉진하여 지역 산업의 경쟁력을 강화하는 것을 목표로 하며
주요 산업거점 및 전략은 다음과 같이 제시될 수 있다.198)

-마곡산업단지 (서울창업허브 M⁺)

대기업과 중소기업 간의 개방형 혁신(오픈 이노베이션)을 촉
진하는 R&D 혁신 클러스터로 창업 지원, 기술 협력, 사업화 연계 등

의 프로그램을 시행하고 있다.[199]

-상암 DMC (디지털미디어시티)

XR(확장현실) 및 메타버스 산업을 중심으로 한 디지털 콘텐츠 산업의 거점으로 'DMC XR 코워킹오피스'를 통해 XR 분야 유망 기업의 입주를 지원하며, 사업화와 시장 진출을 목표로 한다.

-구로·금천 G밸리

구로 디지털 밸리(G밸리)는 서울 구로구와 금천구 일대에 위치한 산업단지로, 1960년대 산업화 시대의 구로공단에서 출발하여 오늘날 첨단 IT 산업의 중심지로 업그레이드된 지역을 말한다.[200] 구로공단의 탄생과 성장 (1960~1980년대)단계는 1967년, 한국 최초의 수출산업공업단지로 구로공단이 조성되어 가발, 봉제, 섬유, 금속 등 노동집약적인 경공업 기업들이 입주한 생산 기지였다. 이후 산업 구조의 변화와 쇠퇴 (1990년대)를 겪는데, 1990년대에 접어들면서, 낮은 임금을 찾아 기업들이 해외로 이전함에 따라 구로공단의 활기가 감소하고 도심 공동화 현상이 대두되었다.

디지털 산업단지로의 전환 (2000년대 이후)을 통하여

이러한 위기를 극복하기 위해 2000년 12월, 구로공단은 '서울디지털산업단지'로 명칭을 변경하고, 산업 구조를 IT, 벤처, 디자인, 지식산업 등 첨단 산업 중심으로 변혁하여 'G밸리'라는 이름으로 정보통신기술(ICT) 및 제조업 기반의 산업단지로 재탄생하였다.

이들 마곡, 상암, 디지털 밸리 등 거점 클러스터에서 공통된 지원책은

- 산업별 특화 전략 수립과 기업 간 교류 프로그램 운영을 통해 산업 생태계를 활성화하고,
- 입주 기업에 대한 창업 지원, 기술 협력, 사업화 연계 등 다양한 프로그램을 제공하며,
- 대학 및 연구기관과의 협력을 통해 전문 인력을 양성하고, 연구개발을 촉진하는 공통 요소를 지닌다.

또 다른 경향은 클러스터의 복합화인데, 서울경제진흥원(SBA)이 주관하는 '서울콘(SEOULCon)'은 서울의 창조산업을 기반으로 동대문디자인플라자(DDP)를 중심으로 개최되며, 글로벌 인플루언서, K-POP, 패션, 뷰티, 테크 산업 등이 융합된 다양한 프로그램을 통해 문화산업 클러스터를 육성하는 유형으로 볼 수 있다.201)

4) 이스라엘

이스라엘은 첨단 산업의 입지로 알려지고 있는데, 시릴콘 와디를 비롯하여 지리적으로 연결되는 다수의 집적지가 있다.

'실리콘 와디(Silicon Wadi)'는 이스라엘 내에서 첨단 기술 산업의 세계적 중심지 중 하나로 기능하는 지역을 지칭한다. 이 지역은 이스라엘의 해안 평야 전역에 걸쳐 분포하며, 이스라엘이 '스타트업 국가(Start-up Nation)'로 불리게 된 주요 배경 중 하나로 자주 언급된다.202)

해당 지역 중 텔아비브를 중심으로 라아난나(Ra anana), 페타티크바(Petah Tikva), 헤르츨리야(Herzliya), 네타냐(Netanya), 레호보트(Rehovot), 네스지오나(Ness Ziona) 등 도시 인근에 소규모 클러스터 형태로 고도로 집중된 첨단 기술 산업이 분포되어 있다. 이 외에도 하이파(Haifa) 및 카이사리아(Caesarea) 지역에서도 기술 산업의 주요 집적지를 확인할 수 있다.203)

최근 들어서는 예루살렘(Jerusalem), 베르셰바(Beersheba)와 같은 대도시뿐만 아니라, 요크네암 일릿(Yokneam Illit)과 에어포트 시티(Airport City) 등 소도시에도 첨단 기술 기반의 기업 설립이 활발히 이루어지고 있다.

이스라엘은 세계적으로 지역 단위 스타트업 수 기준으로 세 번째로 높은 순위를 차지하며, 인구 1인당 스타트업 수에 있어서는 세계 최고 수준을 기록하고 있다.

(1) 실리콘 와디(Silicon Wadi)와 기술 중심지로서의 텔아비브의 부상

텔아비브는 수많은 핀테크 및 기술 스타트업이 밀집해 있는 도시로, '실리콘 와디'라는 명칭으로 널리 알려져 있다.204) 이 지역은 이스라엘 전체 스타트업의 상당수가 집중된 지역이며, 글로벌 벤처 자본의 주요 투자처로 부상하고 있다. 21세기 들어 기술 산업은 특정 도시들을 중심으로 집중화되는 양상을 보이고 있으며, 이스라엘의 텔아비브는 이러한 현상의 대표적인 사례로 주목받고 있다. 텔아비브는 핀테크 및 블록체인 분야에서 세계적 중심지로 부상하게 되었다.205)

(2) 성장 요인 분석

2.1 고등교육기관의 역할

텔아비브에는 세계적 수준의 연구중심 대학이 위치하고 있으며, 이들 대학은 지속적으로 우수한 이공계 인재를 배출하고 있다. 졸업생들은 기업가적 성향이 강하여 미국 졸업생에 비해 두 배 이상의 비율로 창업에 뛰어드는 경향을 보인다.[206]

2.2 연구개발(R&D) 투자 수준과 정부 지원

이스라엘은 1인당 R&D 투자액이 미국과 유럽을 크게 상회한다. 이는 기술 스타트업이 성장할 수 있는 물적 기반을 제공하며, 고위험 고수익의 혁신 활동을 가능케 한다.[207]

정부는 기술 인큐베이터 프로그램을 통해 스타트업 육성을 체계적으로 지원하며, 외국인 투자자를 위한 세제 혜택 및 투자 보조금 제도를 운영하고 있다. 아울러, 국내총생산(GDP)의 4% 이상을 R&D에 투자함으로써 장기적인 기술 경쟁력을 확보하고 있다.[208]

2.3 선도기업의 성공 사례

텔아비브의 기술 발전은 미라빌리스(Mirabilis)와 같은 초기 성공 사례로부터 촉진되었다. 1996년 설립된 이 회사는 ICQ 인스턴트 메시징 서비스를 개발하였고, 1998년에는 AOL에 4억 달러에 인수되었다. 이 사건은 국내외 투자자들에게 이스라엘 스타트업의 가능성을 각인시켰다.

(3) 글로벌 기술 기업의 유입

오라클, 애플, 아마존, 마이크로소프트, 시스코, SAP, IBM 등 주요 글로벌 기술 기업들은 이스라엘 내에 연구개발 센터 및 지사를 설립하며 활발한 활동을 전개하고 있다. 특히 IBM은 세 개의 R&D 센터를 보유하고 있어, 이스라엘의 기술 생태계에 대한 신뢰도를 보여준다.[209]

(4) 도시 경쟁력과 삶의 질

2024년 기준 Expert Market의 분석 보고서에 따르면, 텔아비브는 '기술 분야에서 거주 및 근무하기 좋은 도시' 순위에서 6위에 올랐다. 이 평가는 경제적 요소 외에 삶의 질, 생활비 등 정성적 요인을 반영한 결과이며, 기술 인재 유치에 있어 중요한 지표로 간주된다.

이스라엘 텔아비브는 고등교육, 국가 차원의 R&D 투자, 정부의 정책적 지원, 선도기업의 성공, 그리고 글로벌 기업의 유입이라는 복합적 요소가 결합되어 세계적 기술 허브로 성장하였다. 이러한 사례는 중소국가도 전략적 지원과 민간의 기업가 정신을 통해 세계 기술 시장에서 중요한 위치를 차지할 수 있음을 시사한다.[210]

텔아비브 핀테크 생태계의 성장과 국제적 위상

텔아비브에서는 매년 '핀테크 정크션(Fintech Junction)'이라는 이름의 국제 콘퍼런스가 열리며, 여기에는 세계 유수의 스타트업, 은행, 금융기관 및 기술 기업의 최고경영자, 투자자, 혁신가 및 의사결정자들이 대거 참석하여, 금융 서비스의 미래를 모색하고 논의하는 장으로 기능하고 있다.

텔아비브의 핀테크 분야는 지속적인 확장세를 보이고 있으며, 이에 따라 『디스럽션 뱅킹(Disruption Banking)』과 같은 전문 매체들은 실리콘 와디(Silicon Wadi)에서 벌어지는 최신 기술 동향과 혁신 사례를 정기적으로 보도하고 있다.

이스라엘 핀테크 생태계의 중심은 단연 텔아비브 증권거래소 내에 위치한 '더 플로어(The Floor)'이다. 이곳은 500개 이상의 핀테크 스타트업이 활동하고 있는 활발한 혁신 허브로, 스스로를 "글로벌 핀테크 혁신 센터(Global Fintech Innovation Center)"로 정의하고 있다. 이는 HSBC, RBS, 산탄데르(Santander), 도이치은행(Deutsche Bank), 인텔(Intel), 액센추어(Accenture), KPMG 등 세계적인 금융 및 기술 기업들이 이 센터를 후원하고 있는 점에서도 그 위상을 확인할 수 있다.211)

이스라엘 하이파 클러스터

하이파(Haifa)는 2022년 기준 인구 290,306명을 보유한 이스라엘 제3의 도시로, 예루살렘과 텔아비브에 이어 세 번째로 큰 도시이다. 이곳은 산업 연구 클러스터로 조성되어 있으며, 하이파는 이스라엘 지중해 연안의 하이파만(Haifa Bay)에 위치한 주요 항만 도시로, 총 면적은 63.7제곱킬로미터(24.6평방마일)에 이른다. 텔아비브에서 북쪽으로 약 90킬로미터(56마일) 거리에 위치하여, 이스라엘 북부의 주요 지역 중심지 역할을 수행하고 있다.212)

이 도시는 이스라엘과 중동 지역에서 가장 오래되고 최고 순위를 기록하고 있는 공과대학인 이스라엘 공과대학교(테크니온,

Technion - Israel Institute of Technology)와 하이파 대학교 (University of Haifa) 등 두 개의 저명한 고등교육기관을 보유하고 있으며, 이스라엘 최대 규모의 유치원부터 고등학교까지 통합 교육기관인 히브리 레알리 학교(Hebrew Reali School) 또한 이 도시에 위치해 있다.213)

하이파는 이스라엘에서 가장 오래되고 규모가 큰 하이테크 산업단지 중 하나인 마탐(MATAM)이 위치해 있으며, 하이파만은 중화학공업, 석유 정제, 화학 가공 산업의 중심지로서, 이라크에서 요르단을 경유해 이스라엘로 이어지던 송유관의 서쪽 종착지로 기능하고 있다. 214)

하이파 지역개발공사는 1972년에 설립된 하이파시가 100% 소유한 민간 법인으로 산업 및 클러스터 형성에 기여해 왔다. 기업개발부서(Business Development, BD)는 첨단기술, 생명과학, 청정기술 클러스터를 중심으로 기술 기반 네트워크와 행사 개최 등 '소프드' 방식의 지원에 주력하고 있고, 반면 하이파 경제공사(HEC)는 물리적 '비즈니스 앵커' 개발을 목적으로 설립되었으며, 대표적인 사례로 이스라엘 최초의 기술 산업단지이자 여전히 가장 성공적인 단지 중 하나인 마탐(MATAM)을 들 수 있다.

하이파 경제공사(HEC)와 하이파 지역개발공사 간에는 일정 부분 역할 중복이 있지만 동시에 사업 기회가 양 부서 간 협력 부족으로 놓치지 않도록 협업을 추구하는 사례로 바이오노스(BioNorth) 네트워크가 있는데, 이 사업을 통해 의료기기 분야의 이해당사자들을 연결하는 플랫폼으로 발전케 되었다.215)

클러스터를 위한 선순환 구조의 시행

인센티브 측면에서 하이파 시는 이스라엘 투자청(Investment Promotion Centre)에서 제공하는 혜택을 넘어서는 수준의 지방세 감면을 제도화 하였다. 마탐(MATAM)은 이스라엘 최초이자 최대 규모의 기술산업단지로, 처음에는 하이파 시가 100% 소유하였다. 이후 1998년, 이스라엘 전역에 비즈니스 파크를 보유한 부동산 대기업 가브얌(GAV-YAM)에 지분 50.1%를 매각하였는데, 하이파시는 마탐으로부터 발생한 배당금을 통해 생명과학단지 등 새로운 프로젝트를 재투자 방식으로 추진하고 있으며, HEC는 상업화 단계에 접어든 스타트업 기업을 대상으로 하이센터(hiCenter)라는 비즈니스 액셀러레이터를 운영하는데, 이 프로그램은 국가 최고과학책임자실(Office of the Chief Scientist, OCS)과 공동으로 운영되어, 심사를 거쳐 선정된 기업에 대해 OCS는 프로젝트 제안자와 동일한 조건으로 최대 100만 이스라엘 셰켈(약 20만 유로)을 투자하고, 추후 로열티 수익을 확보할 수 있다.216)

레반트 해역의 주요 가스 발견—하이파 차세대 에너지 허브

이스라엘 레반트 해역에서 발견된 석유와 가스는 이스라엘 하이파 지역의 산업 지형에 영향을 주고 있는데, 널리 활용되는 SWOT 분석의 틀로 이 지역의 특징을 살펴 볼 수 있다.217)

강점

- 이스라엘 제2의 도시(인구 약 100만 명)로, 관용적인 도시 문화를 바탕으로 이국적인 지중해 분위기 형성
- 비교적 저렴한 부동산 가격

- 강력한 산업 클러스터 존재: 석유화학, 정보통신, 항공·방위산업, 보건
- 학문 및 혁신 인프라: 마탐(MATAM)과 테크니온 (Technion)은 이스라엘의 MIT로 불림
- 이스라엘 최대 항만: 요르단 등 인근 지역으로 향하는 물류 관문이며, 철도 및 도로 접근성이 뛰어남 (아쉬도드에 비해 혼잡도 낮음)
- 대표 자산: 바하이 정원(유네스코 세계유산), 하이파 국제영화제

약점

- 인구 정체: 하이파 시 인구는 약 30만 명으로 예루살렘(약 80만), 텔아비브(약 40만)에 비해 낮음 → 베르셰바
- 광역권(남부, 56만), 텔아비브 광역권(중부, 320만)의 성장 속도는 하이파보다 거의 두 배
- 중앙 이스라엘과의 치열한 경쟁 (아쉬도드 항만, 텔아비브의 금융력, 예루살렘의 정치력 등)
- 개방경제 구조로 인해 글로벌 경제위기에 민감하게 노출
- 도시 이미지 문제 (쇠퇴, 노후화, 대기오염 등)로 홍보 및 브랜딩 부족

기회

최근 발견된 가스전 및 관련 파이프라인 개발
정부 주도 하이파 항만 개발 계획
신규 사업 거점: 생명과학단지, 디즈니 테마파크 등
MICE 산업(회의·포상관광·컨벤션·전시) 성장 및 축구 외교
　(유명한 마카비 팀을 위한 새로운 스포츠 콤플렉스)

의료관광 자원 확대 (람밤 메디컬 센터 등)

위협

텔아비브의 매력도 상승 (글로벌 도시 이니셔티브)

항만 민영화를 둘러싼 갈등

산업의 해외 이전(섬유, 기계, 전자부품 등) 및 벤처자금
확보 경쟁 (미국 투자자 위축)

지역 정치적 불확실성, 관광 활성화에 대한 지속적 위협

장기 비전 하에 유연하게 운영되는 연간 계획

하이파시에서는 연간 경제개발 예산 편성과 계획 수립이 장기 기획으로 이루어지고 있는데, 중점 산업으로 첨단기술, 부동산, 관광 및 여가, 의료 분야를 집중하여, 마탐(MATAM), 국제컨벤션센터, 생명과학단지, 스포츠시티 및 사미 오퍼 경기장, 독일식 거리(German Colony) 및 해변 지역을 육성하기 위하여 이하의 시책들을 추진하고 있다.218)

인프라 투자

학계와 산업 간 연계 강화를 위한 학문 지원219)

첨단산업 육성

전통 산업을 고효율·저오염 산업으로 전환

하이파를 국내외 의료관광 중심지로 육성

도시 해변 개발 및 하이파 구시가지 재활성화(예: German Colony 프로젝트)

MICE 관광 확대

여가 및 스포츠 인프라 확충: UEFA·FIFA 인증을 받은 32,000석 규모의 신축 경기장

5) 타이완

대만의 클러스터 정책은 지난 30여 년 동안 진화해 왔으며, 단순한 인프라 개발 사업에서 중소기업 지원과 지역의 기존 산업 역량에 기반한 연구개발(R&D) 촉진에 이르기까지 다양한 형태로 전개되었다.220) 이후에는 「5+2 산업혁신 계획」과 같은 보다 구체적인 클러스터 정책으로 발전하였으며, 현재까지도 운영되고 있는 기업 시너지 개발센터(Corporate Synergy Development Centre)를 통해 클러스터 개발이 추진되고 있다. 이 센터는 마이클 포터(Michael Porter)의 클러스터 이론과 실천에 기반하여 클러스터 전략을 추진하는 기관으로 자리매김하였다.221)

또한 대만 정부는 클러스터 정책을 통해 지역 간 균형 발전을 도모하려는 의도도 가지고 있었다. 전통적으로 대만 북부 지역은 중남부 지역보다 경제적으로 더 발전해 있었기 때문이다. 예컨대 「5+2 산업혁신 계획」은 사물인터넷(IoT)과 같은 융합기술의 발전을 핵심으로 삼고 있는데, 그 공급망은 대만 전역에 걸쳐 있으나 주요 ICT 클러스터는 북부에 집중되어 있다. 이에 반해, 해당 계획에 농업을 클러스터로 포함시킨 것은 의도적으로 대만 남부 지역의 농업 클러스터에 정책적 관심을 집중시키기 위한 전략적 선택이라 할 수 있다.222)

정책적 연속성 측면에서 살펴보면, 대만은 1984년 기업시너지 발전센터 설립을 계기로 클러스터 정책을 본격적으로 도입하였

으며, 이를 통해 중소기업의 성장을 유도하고자 하였다. 이 센터는 현재까지도 클러스터 진흥의 중심 기관으로 활동하고 있다. 또한 2009년부터 2016년까지는 마잉주(Ma Ying-Jeou) 총통 시기에 「i-Taiwan 12 프로젝트」가 시행되었는데, 이는 주로 산업단지를 중심으로 한 인프라 개발에 초점을 맞춘 클러스터 기반 정책이었다.223)

클러스터 지원 수단

대만 정부는 자국의 클러스터들에게 국가 차원에서 다양한 재정적 및 기술적 지원 수단을 제공하고 있다. 「5+2 산업혁신 계획」은 특정 산업단지를 대상으로 연구개발(R&D), 창업 지원, 인력 양성, 사무 공간 및 산업단지 내 장비 구축, 혁신 및 시제품 개발 활동, 연구기관 및 대학과의 협력224) 등을 중심으로 한 프로그램에 재정을 지원한다.225) 이와 더불어, 기술이전, 지식재산권 보호, 국제 협력 등을 위한 기술 지원도 제공하며, 연구센터 및 기술단지에 대한 지원도 포함된다. 대만 정부는 클러스터 개발을 위해 재정적·기술적으로 포괄적인 지원을 지속하고 있다는 점에 주목할 수 있다.226)

그림 5-2 타이완의 주요 클러스터 입지들(구글 이미지)

2. 유럽 국가들의 연구 및 생산 클러스터들

1) 독일

독일은 많은 지역에 클러스터가 조성되어 있는데, 각 지역의 산업 및 연구 역량의 특성을 반영하는 클러스터들이 조성되어 있다. 뮌헨과 슈투트가르트(자동차 및 첨단기술), 라인-네카르 지역(화학 및 정보기술), 베를린(보건, ICT, 모빌리티 등 다양한 산업 분야)등이 그 예이다. 즉 지역 중심의 산업 특화를 반영하여, 지역별 강점에 따라 특화되어 있다. 라인-루르 지역은 주요 산업 생산 거점으로 기능하고 있다.227)

협력 중심의 클러스터

독일의 클러스터는 대기업, 중소기업(SME), 학술기관 등 다양한 조직 간의 긴밀한 협력을 촉진한다. 이러한 협력은 혁신과 경쟁력

향상의 핵심 요소로 작용하며,228) 세계 시장을 위한 신제품 및 서비스 개발을 주도하는 기반으로 작동하고 있다.

독일의 클러스터는 전통 제조업부터 디지털 기술 및 지속가능한 솔루션과 같은 신흥 산업에 이르기까지 광범위한 산업 분야를 포괄하고 있다. 주요 클러스터 사례로는 뮌헨과 슈투트가르트의 자동차 산업과 첨단 기술 분야 클러스터, 라인-네카르 지역의 화학 및 정보기술의 중심지, 베를린 지역의 보건, ICT, 모빌리티 집적지, 라인-루르 지역의 산업화 지역 등이 있다.229)

독일의 클러스터는 혁신, 경쟁력 강화, 지식 이전을 목표로 하는 정부의 정책적 지원을 받고 있는데, 230) '미래 클러스터 이니셔티브 (Zukunftscluster-Initiative)'는 지식 및 기술 이전에 있어 새로운 접근 방식을 통해 연구 역량이 높은 지역을 지원하는 시책이고231)232), 'go-cluster' 프로그램은 클러스터 관리 조직을 대상으로 벤치마킹 및 인증을 위한 재정적 지원을 제공하며, 클러스터 역량 강화를 도모하며233), 특히 'go-cluster' 프로그램은 클러스터 관리 조직의 품질과 성과를 인증하는 ECEI(European Cluster Excellence Initiative)234) 제도를 활용하여 국제적 수준의 역량을 구비토록 하고 있다.235)

2) 덴마크

덴마크에는 전국적으로 13개의 클러스터가 조성되어 운영되고 있다.

생명과학 클러스터

덴마크 생명과학 클러스터(Danish Life Science Cluster)는 덴마크의 생명과학 및 복지 기술 분야를 아우르는 국가적 클러스터로, 2021년에 설립되었었는데, 이 클러스터는 덴마크 전역의 생태계를 하나의 통합된 허브로 연결하면서 국제적으로도 연결되는 플랫폼으로 설계되었다.236) 동 클러스터의 설립 목적은 기업, 지식기관, 보건의료 시스템 간의 협력과 연계를 강화하여, 덴마크의 생명과학 및 복지 기술 분야에서의 연구성과를 새로운 상업적 해결책으로 전환하고, 이를 통해 기업, 보건의료 체계, 지방자치단체 및 국민 전체에게 실질적인 혜택을 제공하는 데 있다.237)

이 클러스터의 전략은 구성원들과의 긴밀한 상호작용과 협력을 통해 개발되며, 생태계 내의 역량을 결집하고 국제적 관점을 반영한 국가 차원의 이니셔티브를 수립하는 데 중점을 둔다. 이러한 전략은 생태계 전반에 실질적이고 측정 가능한 영향을 미치는 것을 목표로 하여, 주요 중점 영역은 협력 모델을 강화하고, 보건의료 부문을 특징짓는 글로벌 트렌드를 포착하는 데에 그 핵심이 있다.

덴마크 생명과학 클러스터(Danish Life Science Cluster)는 덴마크 기업개발위원회(Danish Board of Business Development)로부터 덴마크의 생명과학 및 복지기술 분야를 대표하는 국가 클러스터로 공식 지정되었다.238) 이 지정은 덴마크 고등교육과학부(Ministry of Higher Education and Science)로부터의 4년간의 보조금(2021-2024)과, 덴마크 기업청(Danish Business Authority)으로부터의 2년간의 보조금(2021-2022)을 공급하였다.

아울러, 덴마크 생명과학 클러스터는 산업·기업·재무부(Ministry of

Industry, Business and Financial Affairs)로부터의 선택된 프로젝트에 대한 지원금뿐만 아니라, 회원사 회비 및 다음과 같은 지역 클러스터 조직들—바이오피플(Biopeople), 코펜하겐 헬스테크 클러스터(Copenhagen Healthtech Cluster, 코펜하겐 캐퍼시티 소속), 의료기술혁신컨소시엄(MedTech Innovation Consortium, MTIC), 웰페어테크(Welfare Tech)로부터의 재정적 지원을 통해 운영되고 있다.239)

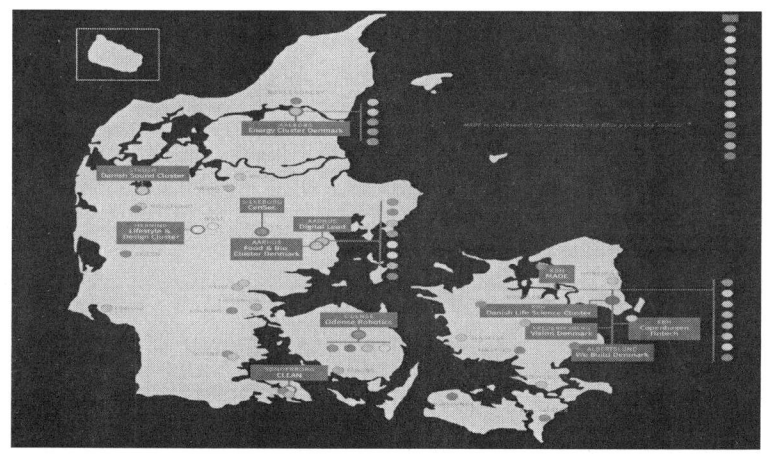

그림 5-3 덴마크의 클러스터 입지들(구글 이미지)

제조업 클러스터 (MADE)

MADE(MAnufacturing Academy of Denmark)는 덴마크의 첨단 제조산업을 위한 국가 클러스터로, 2014년, 기업, 재단, 협회, 과학기술 연구기관들이 힘을 모아 응용연구, 기술개발 및 혁신을 기반으로 덴마크 제조업의 경쟁력을 강화하기 위한 국가적 플랫폼을 구축하면서 설립되었다.240) 이는 연구, 혁신, 교육을 통해 미래 제조

업체를 위한 해결책을 창출하는 중심 허브의 역할을 수행한다.241)

MADE는 덴마크 고등교육과학부 및 덴마크 기업개발위원회로부터 덴마크 첨단 제조산업 클러스터(Danish Cluster for Advanced Manufacturing)로 공식 지정되었다. 본 클러스터는 연구자와 기업 간의 협업을 촉진함으로써, 전반적인 혁신 역량을 강화하고 확산시키는 것을 목표로 하는 기타 국가 지정 클러스터들과 긴밀히 협력하고 있다

MADE(MAnufacturing Academy of Denmark)의 핵심 역량 분야는 첨단 제조(Advanced Manufacturing)인데, 제조 관련 전문 지식과 기술을 창출·적용·공유함으로써 덴마크의 글로벌 경쟁력을 강화하는 것을 목표로, 전 산업 분야와 기업 규모와 무관히 덴마크 전역의 이해관계자들이 참여하는 혁신적 파트너십, 프로젝트, 활동을 통해 제조 기업, 연구기술기관(RTO), 고등교육기관을 연결하고 있다.242)

MADE FAST

MADE FAST의 목표는 유능한 인재와 디지털화(digitalization)를 기반으로, 덴마크 제조기업들이 유연성, 민첩성, 환경적으로 지속가능한 제조 운영을 향상 시킬 수 있는 해결책을 제공하는 데 두는 첨단 디지털 기반 제조 프로젝트인데243), 이를 통해 덴마크 제조기업들이 고객 맞춤형 제품을 생산하고, 소량 생산에서 대량 맞춤 생산(mass customization)으로의 확장, 직원 교육의 가속화·지원·확산·개선, 그리고 제조 과정에서의 환경 영향을 저감하는 지속가능한 운영체계 개발을 가능하게 함으로써, 산업 전반의 경쟁력 제고를 견인하고자 하는 목적을 갖고 있다. 또한, MADE FAST 연구 플랫폼을 구축하여 소재 (materials)와 교육 분야에 대한 역량을 강화하여, 덴마크 제조 생태계, 숙련된 인력, 그리고 지속가능한 제조업 발전을 위한 보다 우수한 기반

을 조성하는 데에도 목적을 두고 있다.244)

제4절 광역/ 메가 클러스터의 시론적 논의

1. 기존의 메가 시티 논의와 광역 행정을 넘어서

광역 행정과 메가시티 전략의 연계 가능성

광역 행정(Metropolitan Administration)은 도시의 경계를 넘는 생활권 기반의 행정 서비스 제공 및 정책 집행 체계를 말한다.245) 다수의 지방자치단체가 공동의 공공문제에 대응하기 위해 기능 통합과 정책 조정을 목표로 협력한다. 그런데, 이 책에서 다루고 있는 클러스터와의 연관선 상에서 기존의 광역 행정 이상의 근본적인 변화가 필요해지는 시기가 오고 있다.

1) 메가 클러스터 / 메가시티 전략(Megacity Strategy)

메가시티는 인구 1천만 명 이상의 도시권을 의미하며, 메가시티 전략은 초광역 경제권 형성, 산업 클러스터 구축, 광역 인프라 확충 등을 통해 지역 경쟁력을 제고하고 지역 집중을 완화하려는 공간 전략이다. 즉, 메가시티 전략은 경제·공간적 접근, 광역 행정은 제도·행정적 접근이라 볼 수 있다.246)

메가시티 전략은 교통망, 물류체계, 산업지대를 하나의 통합된 생활·경제권으로 조직할 것을 요구하며, 이는 지방자치단체 간

정책 협력 없이는 불가능하다. 광역 행정은 이와 같은 통합적 정책 추진을 위한 제도적 기반을 제공한다. 우리나라에서의 부울경 메가시티(부산·울산·경남)는 광역 교통체계, 의료·교육 공동화 등을 위해 특별지방자치단체를 설립하여 광역 행정 기반을 제도화하고 있는 초기형의 메가시티를 향한 노력이라고 볼 수 있다.247)

2) 자원 배분의 효율성과 규모의 경제 확보

메가시티 전략은 대규모 인프라 구축 및 산업 전략 추진을 수반하므로, 이를 위해 재정·인적 자원의 공동 활용이 필수적이다. 광역 행정을 통해 자원의 공동 조달 및 배분 체계를 마련하면 규모의 경제(economy of scale)를 실현할 수 있고, 다수 지자체가 개별적으로 추진하는 전략은 중복되거나 분산될 가능성이 큰 반면, 광역 행정을 통하여 정책의 일관성을 확보하고, 메가시티 전략의 장기적 경제적 전략의 추진력을 제고하는 데 기여할 수 있다. 이는 글로벌 도시 간 경쟁에서 지역의 브랜드 가치와 투자 유치 가능성을 제고할 가능성을 높혀준다. 248)

이를 통하여 기존의 광역행정과 ADR 수준에서 해결이 어려웠던 이슈들을 근본적으로 해소해 줄 가능성이 있다. 즉 메가시티는 환경 문제(대기오염, 수질 등), 교통 혼잡, 주택 공급 등 다양한 광역적 문제에 직면하게 된다. 이러한 문제는 기초자치단체 단위로 해결이 불가능하며, 광역 행정을 통해 통합된 정책 조율이 가능하다.

2. 외국 사례의 준거와 한국적 맥락에서의 적용 필요성

메가 시티 전략을 추구할 때의 규모는 기존의 클러스터 정책의 범위와 수준도 초월한다.[249] 예컨대, 싱가폴 국가 전체 하나 정도 규모를 메가시티로 보거나, 타이완 하나 전체를 메가 시티 수준으로, 미국 기준일 경우, 캘리포니아 주 전체 혹은 텍사스 주 하나 전체를 메가시티화 하여 보아야 할 수 있다.

이러한 논의를 우리나라의 맥락에 적용해보면, 수도권부터 아산 평택 천안, 대전권까지를 하나의 메가시티로, 부울경, 전남북을 하나 혹은 두 개의 각각의 메가시티로 볼 수 있다. 강원도 전체와 충청도의 상당 부분도 하나의 메가 시티 혹은 광역 클러스터로 보고 정책을 추진할 필요성도 있다.[250]

물론 이러한 변화를 위해선 메가시티 구상이 제도화 및 법제화 되어야 할 필요성이 있으며, 기존의 지방 자치와의 제도적 충돌이 있을 가능성은 제도의 취지 상 존재하지 않도록 설계해야 할 것이다. 즉, 기존의 지방자치의 구도 하에서도 경제적 정책적 실익을 위한 대규모의 메가 시티를 거대 클러스터의 관점에서 추진하는 것으로 해석해 볼 수 있다. [251]

이를 위해선 향후에 다음의 이슈들에 대한 정책적 학술적 토론이 필요하다고 판단된다.

- 광역 행정 협력체의 법제화 및 권한 강화
- 메가시티 전략 추진을 위한 재정 분권 및 인센티브 제공
- 주민 참여 기반의 협력 거버넌스 구축

- 국토 균형 발전을 위한 광역 단위 국가계획 정비
- 광역 철도망과 도로의 기획252)

3. 우리나라에서의 메가 시티 / 슈퍼 클러스터의 추진 시의 고려점들

1) 전략

본서에서의 내용 전개를 바탕으로 하여 메가시티 혹은 슈퍼 클러스터를 추진할 때의 전략이자 고려점들을 제시해 보면 다음과 같다.

전략1: 선 영역(투자 분야)/ 후 범위(지역)

수년 전부터 언론에도 보도된 바 있는 바이오 슈퍼클러스터 예의 경우, 선 영역, 후 범위에 해당된다고 볼 수 있다. 바이오 산업 육성을 슈퍼 클러스터화하여 추진하는 전략이 제시되고, 여기에 적절한 메가시티 혹은 슈퍼 클러스터를 구상하는 접근법이다.253)

전략 2: 선 범위(지역)/ 후 영역(투자 분야)

이에 대비하여 전략 2는 초광역권(슈퍼클러스터)의 구도로 우리 나라에서 3개 권역을 먼저 정하고 다시 슈퍼클러스터 간 연계화를 구성한 뒤, 투자의 영역은 사후적으로 정하게 된다는 전략이다. 본 서에서의 입장은 전략 2에 더 가깝다.

2) 기존의 지역사업들의 난점 극복 가능성

기존의 광역 행정의 이슈는 주민과 지자체를 둘러싼 이슈들이 다수인데 비하여, 산업이나 기술부분 투자에서는 그동안 지자체 간의 중복 투자, 지역 역량의 이슈 등 지역사업이 갖는 어려움과 제한점들이 존재하였는데, 메가시티 혹은 슈퍼 클러스터화가 된다면, 이러한 중복의 이슈들이 상당 부분 해소될 제도적 분위기가 마련된다고 볼 수 있다.

3) 극복해야할 사항들

그동안의 여러 유형의, 여러 정부 주체의 의한 정책들을 보면, 수도권 비수도권 구분이 기본 메뉴화되어, 주요한 인력 및 축적된 지식과 경험 등이 축적된 수도권이 저활용 되는 모순을 노정해 온 바 있는데, 이제는 메가시티 혹은 슈퍼 클러스터화 정책에서는 불필요한 수도권 비수도권 구분 논쟁은 지양될 필요성이 존재한다.

또한 메가시티 정책이 추진되면, 그동안 광역행정 하에서의 갈등 해소방안 중 하나였던 ADR(Alternative Dispute Resolution, 대체적 분쟁 해결 방식)이 역할도 재조정 되거나 상당 부분 축소 되고, 사회적 갈등 조정의 비용도 감소 될 가능성도 커질 수 있다.[254]

제6장 결론

본서에서는 이전 책들에서 제조업 배출 트렌드와 농업 부문 배출 트렌드를 살펴본데에 이어서 도시 및 서비스 산업 부문의 배출 트렌들를 분석하여 보았다. 앞의 장에서 살펴보았듯이 제조업이나 농업 부문과 구분되는 특징이 도시 부문에는 존재하고 있다.

본서는 이러한 분석 이후에 클러스터의 이론과 실제 국가별 지역별 사례들을 클러스터 이론 자체뿐 아니라 관련된 주변이론들을 종합하여 검토하여 보았다. 특히, 클러스터의 추진이 이전 시기와 달라져야 할 부분은 광역 클러스터화가 되어야 하는 점을 고찰해 보았다. 이러한 광역 클러스터는 지역 내에 제조업, 서비스업과 일부 농업 지역을 포괄하는 광역권이 될 가능성이 있고, 수도권에서는 제조업과 서비스업 부문의 특징이 같이 나타날 가능성이 크다고 볼 수 있다.

따라서 배출 가스의 관리 측면에서는 제조업, 서비스업 등 섹터별 구분도 중요하겠으나, 광역권 전체 내에서의 관리의 측면도 필요할 수 있다.255) 이러한 광역권의 추구는 이 방향성이 주는 장점이 단점보다 클 여건들이 갖추어지는 것에 대한 예측치들을 전제하에 이루어지는 것이 타당하며, 광역권 내에서는 다시 상당히 소규모의 커뮤니티가 활성화 되도록 공존하는 방식256)의 개발이 필요하리라 전망된다.

제2장

1) National Greenhouse Gas Emissions Inventories and Implied National Mitigation (Nationally Determined Contributions) Targets

2) 김준모, 산성비의 활용과 지역 개발 pp. 61-62.

3) 김준모, 산성비의 활용과 지역 개발 pp.58-59.

4) 김준모, 산성비의 활용과 지역 개발 pp.60-61.

5) 김준모 산성비 시대의 농업배출가스 pp.8-9

6) 김준모, 산성비의 활용과 지역 개발 pp.56-57.

7) 김준모 산성비 시대의 농업배출가스 pp.3-5.

8) Hidayat, Topik. "Numerical Taxonomy in School: Sustainability in Biodiversity Learning." KnE Social Sciences (2024): 111-119.
Zhang, Bo, et al. "Numerical taxonomy and genus-species identification of Czekanowskiales in China based on machine learning." Palaeontologia Electronica 27.1 (2024): 1-19.
Williams, David M., and Quentin D. Wheeler, eds. The new taxonomy: A science reimagined. CRC Press, 2025.
Sneath, Peter HA. "Numerical taxonomy." Bergey's manual of systematic bacteriology. Springer, Boston, MA, 2005. 39-42.
Chen, Dongyang, Guanqi Zhao, and Yihang Yang. "Research on Location of Supply Chain Center of Natural Resources based on K-means Clustering Model." 2022 4th International Conference on Communications, Information System and Computer Engineering (CISCE). IEEE, 2022.

Li, Luyao, Yang Qiu, and Jing Xu. "A K-means clustered routing algorithm with location and energy awareness for underwater wireless sensor networks." Photonics. Vol. 9. No. 5. MDPI, 2022.

제3장

9) Porter, Michael E. "Clusters and competition." On competition 7 (1998): 91.

Delgado, Mercedes, Michael E. Porter, and Scott Stern. "Clusters, convergence, and economic performance." Research policy 43.10 (2014): 1785-1799.

Porter, Michael E. "Locations, clusters, and company strategy." The Oxford handbook of economic geography 253 (2000): 274.

Elola, Aitziber, and James R. Wilson. "Cluster management and policy learning: the value of strategic intelligence." European Planning Studies (2025): 1-19.

Rahmat, Fachruddin, et al. "Industrial Cluster with System Dynamic Approach to Improve Competitiveness: Study on the Micro-and Small-scale Ethanol Industry in Sukoharjo, Indonesia." (2025): 1131-1153.

10) McDonald, John F. "The Marginal Revolution in the US." American Economic History: Earliest Americans to 1914. Cham: Springer Nature Switzerland, 2025. 151-154.

Wei, Liu. "Economics and Mathematics." Dictionary of Contemporary Chinese Economics. Singapore: Springer Nature Singapore, 2025. 1063-1065.

11) Cornet, Bernard. "Linear exchange economies." Marginal Revolution in Economics: A Reappraisal. Singapore: Springer Nature Singapore, 2024. 239-250.

Sabitu, Abubakar. "A Critical Examination of Methodological Approaches in Economics: Theoretical Foundations and Implications." FUDMA Journal of Humanities, Social Science and Creative Arts 1.AHBSI (2025): 165-174.

12) Charles, Agoha Chidiebere, et al. "Review of spatial analysis as a geographic information management tool." American

Journal of Engineering and Technology Management 9.1 (2024): 8-20.

13) Chu, Han, Robert Hassink, and Şükrü Yılmaz. "Fragmented or engaged pluralism in economic geography?." Progress in Human Geography 48.3 (2024): 247-274.
Bjarnar, Ove, Rolv Petter Amdam, and Lise Lillebrygfjeld Halse. "Narratives in context of cluster globalization." European Planning Studies (2025): 1-17.

14) Heidenreich, Martin. "Conclusion: the dilemmas of regional innovation systems." Regional innovation systems. Routledge, 2024. 363-389.
Carter, Ian. "The national research and innovation system in the United Kingdom: a brief history." Journal of Research Management and Administration 3.1 (2024): 202403092-202403092.
Nelson, Richard R. "Thinking about technology policy:'Market failures' versus' innovation systems'." (2025).
Gertler, Meric S., and David A. Wolfe. "Ontario's regional innovation system: The evolution of knowledge-based institutional assets." Regional innovation systems. Routledge, 2024. 91-124.

15) Jou-Badal, Xavier. "The recipe to sweet success: competitive advantages for a Spanish chocolatier, 1874–1910." Journal of Management History (2024).
Porter, Michael E. "New global strategies for competitive advantage." Planning review 18.3 (1990): 4-14.

16) Findlay, Ronald. "Comparative advantage." The World of Economics. London: Palgrave Macmillan UK, 1991. 99-107.
Hoen, Alex R., and Jan Oosterhaven. "On the measurement of comparative advantage." The Annals of Regional Science

40.3 (2006): 677-691.

17) Galbraith, James K. The predator state: How conservatives abandoned the free market and why liberals should too. Simon and Schuster, 2008.

18) Kaletsky, Anatole. Capitalism 4.0: The birth of a new economy in the aftermath of crisis. Public Affairs, 2011.

19) porter Adam smith address

20) Singh, Indira, and Jim Evans. "Natural resource-based sustainable development using a cluster approach." Mining, society, and a sustainable world. Berlin, Heidelberg: Springer Berlin Heidelberg, 2009. 183-201.
dos Santos Silvestre, Bruno, and Paulo Roberto Tavares Dalcol. "Innovation in natural resource-based industrial clusters: a study of the Brazilian oil and gas sector." International Journal of Management 27.3 (2010): 713.
Zelbst, Pamela J., Gregory V. Frazier, and Victor E. Sower. "A cluster concentration typology for making location decisions." Industrial management & data systems 110.6 (2010): 883-907.

21) Vorley, Tim. "The geographic cluster: a historical review." Geography Compass 2.3 (2008): 790-813.
Van Leuven, Andrew J., and Edward W. Hill. "Legacy regions, not legacy cities: Growth and decline in city-centered regional economies." Journal of Urban Affairs 45.10 (2023): 1860-1883.
Villavicencio, Nathaly, and Francisco Puig. "Five Hundred Years of Textile and Apparel Clusters' History in Ecuador: Location and Evolution of Its Firms." Latin American Business Review 26.1 (2025): 89-128.
Marbach, Moritz. "Causal effects, migration, and legacy

studies." American Journal of Political Science 68.4 (2024): 1447-1459.

22) Chazin, Hannah. Live Stock and Dead things: The archaeology of zoopolitics between domestication and modernity. University of Chicago Press, 2024.

23) Etheridge, Tammi S. "The Big Cost of Small Farms." Florida Law Review 77.2 (2025): 465.

24) Hassink, Robert, and Han Chu. "Serendipity and Human Geography." The Encyclopedia of Human Geography. Cham: Springer International Publishing, 2024. 1-4.
Rank, Mark Robert. The Random Factor: How Chance and Luck Profoundly Shape Our Lives and the World Around Us. Univ of California Press, 2024.
Nee, Victor. "The Assembly of an American Sociologist." Annual Review of Sociology 51 (2025).

25) Kharel, Subham, et al. "Impact of Zoning Regulations on Transportation Equity of Job Accessibility: A Spatial Autoregressive Approach for the Dallas–Fort Worth and Houston-Galveston Area Council Areas." Transportation Research Record 2679.1 (2025): 1259-1277.

26) Ponomarenko, Tatyana V., Ilya G. Gorbatyuk, and Aleksei E. Cherepovitsyn. "Industrial clusters as an organizational model for the development of Russia petrochemical industry." Записки Горного института 270 (eng) (2024): 1024-1037.
Sun, Zhihua. "A study on the evaluation of competitiveness in the aviation logistics industry cluster in Zhengzhou." Scientific reports 14.1 (2024): 2659.
Belso, Jose-Antonio, et al. "How much do cluster institutions drive a firm's green innovation? A multi-level analysis." Regional Studies 59.1 (2025): 2298317.

Cooke, Philip, and Rafael Boix Doménech. "A global assemblage of tax haven clusters: profit shifting, tax dodging and money laundering." Investigaciones Regionales= Journal of Regional Research 60 (2024): 23-37.

27) Cooke, Philip. ""Agentic" cluster aggression: KIBS auditors and law firms as key tax haven drivers." Competitiveness Review: An International Business Journal 34.5 (2024): 1036-1053.

Vanatta, Sean H. Plastic Capitalism: Banks, Credit Cards, and the End of Financial Control. Yale University Press, 2024.

Cooke, Philip, and Rafael Boix Doménech. "A global assemblage of tax haven clusters: profit shifting, tax dodging and money laundering." Investigaciones Regionales= Journal of Regional Research 60 (2024): 23-37.

28) Migozzi, Julien, Michael Urban, and Dariusz Wojcik. ""You should do what India does": FinTech ecosystems in India reshaping the geography of finance." Geoforum 151 (2024): 103720.

29) Dimos, Christos, Felicia M. Fai, and Philip R. Tomlinson. "The attractiveness of university and corporate anchor tenants in the conception of a new cluster." Regional Studies 55.8 (2021): 1473-1486.

Charles, Constantin. "Company-College Co-Location: Do Universities Create Local Innovation Clusters?." Available at SSRN 3499277 (2021).

Schor, Larry I., et al. "The location of pain in cluster headache: Data from the International Cluster Headache Questionnaire." Headache: The Journal of Head and Face Pain 64.7 (2024): 783-795.

30) Florida, Richard, and Todd Gabe. "Assessing the rise and

geography of the creative economy." Handbook of Creativity Assessment (2024): 215-233.

Florida, Richard, and Patrick Adler. "Locational strategy: Understanding location in economic geography and corporate strategy." Global Strategy Journal 12.3 (2022): 472-487.

Florida, Richard, and Charlotta Mellander. "The global creativity index: National creativity ecosystems and their relationship to economic development and inequality." Global creative ecosystems: A critical understanding of sustainable creative and cultural production. Cham: Springer International Publishing, 2023. 173-196.

Hancock, David J., Matthew Vierimaa, and Ashley Newman. "The geography of talent development." Frontiers in Sports and Active Living 4 (2022): 1031227.

31) Audretsch, David B., Erik E. Lehmann, and Nikolaus Seitz. "Amenities, subcultures, and entrepreneurship." Small Business Economics 56.2 (2021): 571-591.

Mouate, Olivier, and Muriel Travers. "The impact of cultural amenities on inter-urban location: a discrete choice experiment on French students." Journal of Cultural Economics 48.4 (2024): 575-614.

32) Arasteh, D., R. Johnson, and S. Selkowitz. "DEFINITION AND USE OF A DAYLIGHT"" COOLNESS"" INDEX." (1986).

Sundar, S. Shyam, Daniel J. Tamul, and Mu Wu. "Capturing "cool": Measures for assessing coolness of technological products." International Journal of Human-Computer Studies 72.2 (2014): 169-180.

33) Florida, Richard. "The economic geography of talent." Annals of the Association of American geographers 92.4 (2002): 743-755.

34) Kim, Junmo, and Chang Woo Yoo. "Why'design'does not work well for cluster policy: with the implications for Science and Technology (S&T) manpower policy." International journal of technology management 38.3 (2008): 321-338.

Longhi, Christian, and Michel Quere. "The Sophia-Antipolis project or the uncertain creation of an innovative milieu." The dynamics of innovative regions. Routledge, 2019. 219-236.

Longhi, Christian, and Michel Quéré. "Innovative networks and the technopolis phenomenon: the case of Sophia-Antipolis." Environment and Planning C: Government and Policy 11.3 (1993): 317-330.

35) Barbera, Filippo, and Sara Fassero. "The place-based nature of technological innovation: the case of Sophia Antipolis." The Journal of Technology Transfer 38.3 (2013): 216-234.

36) Quéré, Michel. "Sophia-Antipolis as a 'reverse'science park: from exogenous to endogenous development." Applied evolutionary economics and economic geography (2007): 48-66.

37) Bernasconi, Michel, and Dominique Jolly. "The size and the characteristics of the high-tech spin-off phenomenon in Sophia Antipolis." Handbook of Research on Techno-Entrepreneurship. Edward Elgar Publishing, 2007.

38) Ter Wal, Anne LJ. "Cluster emergence and network evolution: a longitudinal analysis of the inventor network in Sophia-Antipolis." Regional Studies 47.5 (2013): 651-668.

39) Lazaric, Nathalie, Christian Longhi, and Catherine Thomas. "From geographical to organized proximity: the case of the Telecom Valley in Sophia Antipolis." contribution to the 4th Proximity Conference, Proximity, Networks and Coordination,

Marseille June. 2004.

Lafite, P. "Sophia-Antipolis and its impact on the côte d'azur." Science Parks and Innovation Centres: their Economic and Social Impacts, Amsterdã: Elsevier (1985): 87-90.

40) 대덕 단지도 1998년 IMF 경제위기시의 인력 감축으로 인 한 이직 이후, 이전 근무자들이 대전 대덕 인근에서 창업을 하는 등 소피아 앙티폴리스가 겪은 과정을 격으면서 생태계화 된 점에 주목할 수 있다.

41) Longhi, Christian, and Michel Quéré. "Innovative networks and the technopolis phenomenon: the case of Sophia-Antipolis." Environment and Planning C: Government and Policy 11.3 (1993): 317-330.

42) Longhi, Christian, and Michel Quéré. "The Sophia-Antipolis project or the uncertain creation of an innovative milieu." The dynamics of innovative regions. Routledge, 2019. 219-236.

43) Ribeiro, Vitória, Lívia Pessoa Sakamoto, and Luciana Bongiovanni Martins Schenk. "Open space system and science parks: landscapes of knowledge." PARC: Pesquisa em Arquitetura e Construção 16 (2025): e025010-e025010.

44) Sandberg, Johan, and Axel Fredholm. "Sweden in the quest for global talent." International Talent Management in Times of Crisis. Edward Elgar Publishing, 2025. 86-99.

45) Lundgren, Emma. "A Comparative Analysis of the Regional Innovation Systems in Stockholm and Silicon Valley: A study about cooperation between the government, the industry and the universities in regional innovation systems." (2025).

46) Wahlberg, Philip, and Mattias Anstrin. "Stockholms IT-kluster: En kvantitativ studie om hur agglomerationskrafter verkar inom IT-kluster." (2024).

47) Sandberg, Johan. "Stockholm: social mechanisms of migrants' emplacement in a segregated global city." Urbanization and

Migration in Three Continents. Routledge, 2024. 169-191.

48) Dearing, James W. "Building a City for Scientists: Does it Still Make Sense?." Available at SSRN 5333808.

49) Kaji, Tadashi, et al. "Trends in Smart Cities: Global and Japanese Perspectives." The Architecture of "Society 5.0" Six Key Factors for a People-Centric and Sustainable Smart City. Singapore: Springer Nature Singapore, 2025. 13-38.

50) Zhen, Shen, et al. "Beyond the Landlords: Exploring Perceptual Attributes and Benefits of Science Parks from an Ecosystem Perspective." International Journal of Industrial Engineering and Management 16 (2) (2025): 113-123.

51) Yang, Yue, et al. "The Influence of "Industry–City–Innovation" Functional Mixing on the Innovative Development of Sci-Tech Parks Under the Background of Urbanization." Sustainability 17.8 (2025): 3715.

52) Tokhirovna, Toshalieva Saodat. "WAYS OF ECONOMIC DEVELOPMENT OF REGIONS: FOREIGN EXPERIENCES AND PRINCIPLES." The Conference Hub. 2025.

53) Seol, Sung-Soo. "New University Reform of Korea-Towards the 4th Role of University." Asian Journal of Innovation and Policy 13.2 (2024): 183-205.

54) Phillips, Fred Young, Benjamin Matheson, and Urusha Thapa. "Why Do Regional Innovation." Smart City 2.0: Strategies And Innovations For City Development 8 (2023): 235.

55) Kim, Junmo, and Chang Woo Yoo. "Why'design'does not work well for cluster policy: with the implications for Science and Technology (S&T) manpower policy." International journal of technology management 38.3 (2008): 321-338.

56) Phillips, Fred Young, et al. "Why Do Regional Innovation

Systems Not Have Comprehensive Information Support?."
SMART CITY 2.0: Strategies and Innovations for City
Development. 2023. 235-262.

57) Daedeok Innopolis Management Office. (2008) Guideline &
Manual of Science Park Development (Daejeon: Daedeok
Innopolis).
Sonn, Jung Won, et al. "The path-dependent nature of
smart city policies in South Korea: an evolutionary
explanation." International Development Planning Review
(2025): 1-22.
Daejeon Metropolitan City. (1997) Development Plan for the
Daejeon High-Tech Industrial Park (Daejeon: Daejeon
Metropolitan City).
Daejeon Metropolitan City. (2002) Masterplan of Daedeok
Techno Valley (DTV)(Daejeon: Daejeon Metropolitan City).
Ministry of Science and Technology. (2002) Daedeok
Science Town, Masterplan (Gwacheon: Ministry of Science
and Technology, Republic of Korea).
Ministry of Science and Technology (2008) Synthesized
Development Plan for Daedeok Innopolis (Gwacheon:
Ministry of Science and Technology, Republic of Korea).
Oh, D.S., and Masser, I. (1995) "High-Tech Centers and
Regional Innovation - Some Case Studies in the U.K,
Germany, Japan and Korea," in Bertuglia. C.S. (eds.)

58) Kang, Song Hee, Jae Seung Lee, and Saehoon Kim. "Has
South Korea's policy of relocating public institutions been
successful? A case study of 12 agglomeration areas under
the Innovation City Policy." Urban Studies 61.5 (2024):
900-922.

59) Leogrande, Angelo, Carlo Drago, and Alberto Costantiello.
"Knowledge Workers and Regional Economic Disparities in
Italy: A Data-Driven Analysis." (2025).

60) De Maria, Massimo, et al. "Analysis of Regional Imbalances in Italy Based on Cluster Analysis." International Conference on Computational Science and Its Applications. Cham: Springer International Publishing, 2021.

61) Mastrorilli, Marcello, et al. "The Development of Soil Science in Apulia." Soil Science in Italy: 1861 to 2024. Cham: Springer International Publishing, 2024. 369-381.
Sandoval Hamón, Leyla A., et al. "From high-tech clusters to open innovation ecosystems: a systematic literature review of the relationship between science and technology parks and universities." The Journal of Technology Transfer 49.2 (2024): 689-714.

62) Bettanti, Alberto, Antonella Lanati, and Alessandro Missoni. "Biopharmaceutical innovation ecosystems: a stakeholder model and the case of Lombardy." The Journal of Technology Transfer 47.6 (2022): 1948-1973.

63) Leogrande, Angelo. "The Innovation of the Production System in the Italian Regions." (2024).

64) Kim, Junmo yoo&kim에서 제인용

65) Dughera, Stefano, et al. "Are temporary hires good or bad for innovation? The Italian evidence." Economics of Innovation and New Technology 33.8 (2024): 1121-1144.

66) Leogrande, Angelo. "Cultural and Creative Employment Across Italian Regions." (2024).
Putnam, Robert D., Raffaella Y. Nanetti, and Robert Leonardi. "Making democracy work: Civic traditions in modern Italy." (1994): 1-280.

67) D'Adamo, Idiano, et al. "Economic performance, environmental protection and social progress: A cluster analysis comparison towards sustainable development." Sustainability 16.12 (2024): 5049.

68) Fiorini, Niccolò, Tommaso Pucci, and Lorenzo Zanni. "Life Science Business Ecosystems: Analysis of Recent Studies and Future Perspectives." Business in a Turbulent Era, Volume II: Technology, Society, and Policy. Cham: Springer Nature Switzerland, 2025. 313-332.

69) Bacaria, Jordi, Susana Borràs Alomar, and Andrea Fernández-Ribas. "The changing institutional structure and performance of the Catalan innovation system." Regional Innovation Systems. Routledge, 2024. 63-90.

70) Escobedo, Rudy Fernández, Begoña Eguía Peña, and Leire Aldaz Odriozola. "Cluster mapping in Spain: exploring correlation between industrial agglomeration and regional performance." Investigaciones Regionales= Journal of Regional Research 59 (2024): 81-104.

71) Delgado, Francisco J., Matías Mayor, and Maria J. Presno. "Heterogeneity of research and development expenditure: a convergence analysis for the Spanish regions." International Regional Science Review 47.1 (2024): 67-99.

72) CHIFOR, Diana-Cosmina, Lucian Cezar MAIER, and Felix Horatiu ARION. "Empirical Insights-Mapping the Key Factors that Have an Influence on Clusters Competitiveness." Bulletin of the University of Agricultural Sciences & Veterinary Medicine Cluj-Napoca. Horticulture 81.1 (2024).

73) Kim, Junmo, and Chang Woo Yoo. "Why'design'does not work well for cluster policy: with the implications for Science and Technology (S&T) manpower policy." International journal of technology management 38.3 (2008): 321-338.
Moretti, Enrico. The new geography of jobs. Houghton Mifflin Harcourt, 2012.

74) Kim, Junmo, and Chang Woo Yoo. "Why'design'does not

work well for cluster policy: with the implications for Science and Technology (S&T) manpower policy." International journal of technology management 38.3 (2008): 321-338. p.334

75) Time Magazine

76) Karlamangla, Soumya. "Cal State and Its Faculty Reach a Tentative Deal." The New York Times (Digital Edition) (2024)
Vincent, Jeffrey M., et al. "Education Workforce Housing in California: Developing the 21st Century Campus." (2022).

77) Time magazine

78) Kim, Junmo, and Chang Woo Yoo. "Why'design'does not work well for cluster policy: with the implications for Science and Technology (S&T) manpower policy." International journal of technology management 38.3 (2008): 321-338.

79) Jain, Amit, and Will Mitchell. "Specialization as a double-edged sword: The relationship of scientist specialization with R&D productivity and impact following collaborator change." Strategic Management Journal 43.5 (2022): 986-1024.
Kim, Junmo. "Are industries destined toward" productivity paradox"? An empirical case of Korea." International Journal of Technology Management 29.3-4 (2005): 263-279.

80) Hansen, Niles. "Dynamic externalities and spatial innovation diffusion: implications for peripheral regions." International Journal of Technology, Policy and Management 2.3 (2002): 260-271.

81) Kim, Junmo and Changwoo Yoo

82) Kaplan, Jerry. Humans Need Not Apply: A Guide to Wealth & Work in the Age of Artificial Intelligence. Yale University

Press, 2015. chapter 8
Kim, Junmo Productivity Paradox

83) Kaplan, Jerry. Humans Need Not Apply: A Guide to Wealth & Work in the Age of Artificial Intelligence. Yale University Press, 2020.

84) Kim, Junmo. "A second chance for the flexible specialisation with robotics? Ageing society in Korea as a case." International Journal of Technology, Policy and Management 15.1 (2015): 45-58.

제4장

85) Kim, Junmo, and Hae-Geun Song. "Tracing the Convergence of Industrial Sectors: Has the 4th Revolution Arrived Already? Or Are We on the Track?." Journal of the Korean Society of Industry Convergence 27.4_1 (2024): 781-795.

86) 김준모, 임성욱. "i-fashion 을 향한 제조업과 서비스업의 융합: 한국 사례중심으로." 품질경영학회지 49.4 (2021): 641-654.

87) Moretti, Enrico. The new geography of jobs. Houghton Mifflin Harcourt, 2012.

88) Moretti, Enrico. The new geography of jobs. Houghton Mifflin Harcourt, 2012.

89) Shields, Michael P., and Gail M. Shields. "Estimating external returns to education in the US: a production function approach." Applied Economics Letters 16.11 (2009): 1089-1092.

90) Galbraith, James K. Created unequal: The crisis in American pay. University of Chicago Press, 2000.
Kim, Junmo. "Economic integration of major industrialized areas: an empirical tracking of the continued trend."

Technological Forecasting and social change 67.2-3 (2001): 187-202.

91) Galbraith, James K. Inequality and instability: A study of the world economy just before the great crisis. Oxford University Press, 2012.
Kim, Junmo, The South Korean Economy Ashgate 2002

92) Finklea, I. I., and Jakob Kegel. "High Flyers: A Study on Competition, Price and Service Quality in the European Aviation Industry." (2005).

93) Wells Miller, Bettye. "High flyer." Managing Service Quality: An International Journal 2.3 (1992): 153-156.

94) Vettriselvan, R. "Harnessing innovation and digital marketing in the era of industry 5.0: resilient healthcare SMEs." The Future of Small Business in Industry 5.0. IGI Global Scientific Publishing, 2025. 163-186.

95) Galbraith, James K. Inequality: What everyone needs to know®. Oxford University Press, 2016.
Pramana, Anestya, et al. "Evaluation criteria of high-flyer tech startup investments by venture capital firms in indonesia." The 35th IBIMA Conference: Education Excellence and Innovation Management: A. 2025.

96) Sheffi, Yossi. The new (ab) normal: Reshaping business and supply chain strategy beyond Covid-19. Mit Ctl Media, 2020.

97) Jois, Achutha, and Somnath Chakrabarti. "Adapting and validating global knowledge branding scales in the education services sector." VINE Journal of Information and Knowledge Management Systems 55.1 (2025): 74-112.

98) Jois, Achutha, and Somnath Chakrabarti. "Adapting and validating global knowledge branding scales in the education services sector." VINE Journal of Information and

Knowledge Management Systems 55.1 (2025): 74-112.

99) Azimov, B., and Y. Yodgorova. "Methods of studying the state of competition in the educational services market." Journal of Applied Science and Social Science 1.1 (2025): 66-75.

100) Leduc, Sylvain, and Daniel J. Wilson. "Snow Belt to Sun Belt Migration: End of an Era?." Federal Reserve Bank of San Francisco, 2024.

101) Saydullayevich, Adurakhmanov Turakhon, and Abdumutalibova Kibriyo. "GEOGRAPHY OF THE USA AND ITS POPULATION." Tadqiqotlar 62.3 (2025): 269-273.
   Olney, William W., and Owen Thompson. The determinants of declining internal migration. No. w32123. National Bureau of Economic Research, 2024.

102) Wooten, Michael E. "Growing Sunbelt Cities Are the Future of Urban Life. They Need a Resilient Power Infrastructure." (2024).

103) Wang, Yongbo. The Correlation Between County-Level Business Patterns and the Local People Migration in the Rust Belt Region. MS thesis. Georgetown University, 2025.

104) Hansen, Niles. Dynamic Externalities

105) 10년마다 발행되는 자료

106) Crank, Peter J., et al. "Sociodemographic determinants of extreme heat and ozone risk among older adults in 3 sun belt cities." The Journals of Gerontology, Series A: Biological Sciences and Medical Sciences 79.8 (2024): glae164.

107) Robustelli, Tim, et al. "Displaced in the Sun Belt: Mapping Housing Loss Across the American South." (2021). https://www.resiclubanalytics.com/p/net-domestic-migration-which-states-are-gaining-and-losing-americans

108) Azhdari, Abolghasem, Thomas Sigler, and Dorina Pojani. "American superstar cities fade as remote work sparks migration southward and inland, exacerbating urban sprawl." (2024).
https://www.resiclubanalytics.com/p/net-domestic-migration-which-states-are-gaining-and-losing-americans

109) Hansen, Niles. "Dynamic externalities and spatial innovation diffusion: implications for peripheral regions." International Journal of Technology, Policy and Management 2.3 (2002): 260-271.

110) Salomon, Ilan. "Telecommunications, cities and technological opportunism." The Annals of Regional Science 30.1 (1996): 75-90.

111) Choi, Hyungu, et al. "Integrated Predictive Model of Air Traffic Flow Using Deep Learning." AIAA AVIATION FORUM AND ASCEND 2025. 2025.

112) Kiracı, Kasım. "The nexus between air cargo and international trade: Empirical evidence from country groups." Journal of Air Transport Management 125.10277 (2025): 8.

113) Rubenstein, James M., William H. Renwick, and Carl T. Dahlman. "Introduction to contemporary geography." (2013).

114) 공립학교 교사들은 공공 서비스 부문의 고용으로 분류된다.

115) Sheffi, Yossi, The future of education

116) Francois, Joseph, and Julia Woerz. "Producer services, manufacturing linkages, and trade." Journal of Industry, Competition and Trade 8.3 (2008): 199-229.

117) Trincado-Munoz, Francisco, et al. "Digital transformation in the world city networks' advanced producer services complex: A technology space analysis." Geoforum 151

(2024): 103721.

118) Rubenstein, James M., William H. Renwick, and Carl T. Dahlman. "Introduction to contemporary geography." (2013).

119) Rubenstein, James M., William H. Renwick, and Carl T. Dahlman. "Introduction to contemporary geography." (2013)에서 재인용

120) Shearmur, Richard, and David Doloreux. "Urban hierarchy or local buzz? High-order producer service and (or) knowledge-intensive business service location in Canada, 1991-2001." The Professional Geographer 60.3 (2008): 333-355.

121) Camagni, Roberto P. "From city hierarchy to city network: reflections about an emerging paradigm." Structure and change in the space economy: Festschrift in honor of Martin J. Beckmann. Berlin, Heidelberg: Springer Berlin Heidelberg, 1993. 66-87.

122) Gu, Yanyan, et al. "How to determine city hierarchies and spatial structure of a megaregion?." Geo-spatial Information Science 27.2 (2024): 276-288.

123) Goerzen, Anthony, Christian Geisler Asmussen, and Bo Bernhard Nielsen. "Global cities, the liability of foreignness, and theory on place and space in international business." Journal of International Business Studies 55.1 (2024): 10-27.

124) Godfrey, Brian J., and Yu Zhou. "Ranking world cities: multinational corporations and the global urban hierarchy." Urban geography 20.3 (1999): 268-281.

125) Horrigan, John B., and Robert H. Wilson. "Telecommunications technologies and urban development: Strategies in US cities." International Journal of Technology,

Policy and Management 2.3 (2002): 338-354.

Wilson, Robert H., and John B. Horrigan. "Development: Evidence from the." Regional Development and Conditions for Innovation in the Network Society (2005): 119.

126) Fadaeefath Abadi, Mostafa, et al. "Dynamic Maintenance Cost Optimization in Data Centers: An Availability-Based Approach for K-out-of-N Systems." Buildings (2075-5309) 15.7 (2025).

Horrigan, John B., Thomas M. Lenard, and Stephen McGonegal. "Cities online: Urban development and the internet." (2001): 2001.

127) Li, Chao, Wanling He, and Erbao Cao. "Impact of green data center pilots on the digital economy development: An empirical study based on dual machine learning methods." Computers & Industrial Engineering 201 (2025): 110914.

Edwards, Dustin, Zane Griffin Talley Cooper, and Mél Hogan. "The making of critical data center studies." Convergence 31.2 (2025): 429-446.

128) Velkova, Julia. "Data centres as impermanent infrastructures." Culture machine 18 (2019).

Velkova, Julia. "Retrofitting and ruining: Bunkered data centers in and out of time." new media & society 25.2 (2023): 431-448.

129) Hogan, Mél. "The data center industrial complex." Saturation: An elemental politics (2021): 283-305.

Lei, Nuoa, et al. "The water use of data center workloads: A review and assessment of key determinants." Resources, Conservation and Recycling 219 (2025): 108310.

Jha, Rohan, Rishabh Jha, and Mazhar Islam. "Forecasting US data center CO2 emissions using AI models: emissions reduction strategies and policy recommendations." Frontiers in Sustainability 5 (2025): 1507030.

130) Abiodun, Kehinde. "Digital infrastructure & sustainable data centers investment in Africa: Role of Tier III & Tier IV." International Journal of Multidisciplinary Research and Growth Evaluation 6.1 (2025): 1878-1888.
Edwards, Dustin, Zane Griffin Talley Cooper, and Mél Hogan. "The making of critical data center studies." Convergence 31.2 (2025): 429-446.

131) Statistica statistics 2025.5

132) Tervo, Seela, Sanna Syri, and Pauli Hiltunen. "Reducing district heating carbon dioxide emissions with data center waste heat- Region perspective." Renewable and Sustainable Energy Reviews 208 (2025): 114992.
Poletto, Chiara, et al. "Techno-economic assessment of a Carnot battery thermally integrated with a data center." Applied Thermal Engineering 260 (2025): 124952.

133) https://situational-awareness.ai/racing-to-the-trillion-dollar-cluster/

134) 김준모 가뭄의 경제학

135) 김준모 가뭄의 경제학

136) Saglam, Mustafa, Catalina Spataru, and Omer Ali Karaman. "Electricity demand forecasting with use of artificial intelligence: the case of Gokceada Island." Energies 15.16 (2022): 5950.

137) Statistica statistics 2025.5

138) Humans need not apply rocket fuel
Markovich, Sarit, and Yaron Yehezkel. "Competing for cookies: Platforms' business models in data markets with network effects." Management Science (2025).

139) Kalaivani, M., et al. "The Next Wave in Marketing: Data Science in the Age of Generative AI." Navigating Data Science. Emerald Publishing Limited, 2025. 13-26.

140) Autor, David, et al. Places versus people: the ins and outs of labor market adjustment to globalization. No. w33424. National Bureau of Economic Research, 2025.

141) Brynjolfsson, Erik, and Andrew McAfee. "Thriving in the automated economy." The Futurist 46.2 (2012): 27-31.
McAfee, Andrew, and Erik Brynjolfsson. Machine, platform, crowd: Harnessing our digital future. WW Norton & Company, 2017.
Reijers, Wessel, Mark Thomas Young, and Mark Coeckelbergh. "Emerging Technology and Inequality." Introduction to the Ethics of Emerging Technologies. Cham: Springer Nature Switzerland, 2025. 195-219.
Kim, Junmo rOBOTICS

142) Autor, David H., David Dorn, and Gordon H. Hanson. "Untangling trade and technology: Evidence from local labour markets."*The Economic Journal* 125.584 (2015): 621-646.
Autor, David H., Lawrence F. Katz, and Melissa S. Kearney. "The polarization of the US labor market. "*American economic review*96.2 (2006): 189-194.

143) Muro, Mark, S Liu, J Whiton, S Kulkarni. "Digitalization and the American workforce."*Brookings Paper*(2017).

144) IMF
Krause Eleanor and Isabel Sawhill,"What we know about declining

145) Lipson, Hod. *COMMITTEE ON RESEARCH COMPUTING and DATA INFRASTRUCTURE.* Diss. Lamont-Doherty Earth Observatory, 2024.
Galbraith, James K. The end of normal: The great crisis and the future of growth. Simon and Schuster, 2015.
Kim, Junmo. "A second chance for the flexible specialisation with robotics? Ageing society in Korea as a

case." International Journal of Technology, Policy and Management 15.1 (2015): 45-58.

146) Waisberg, Noah, and Alexander Hudek. AI for lawyers: how artificial intelligence is adding value, amplifying expertise, and transforming careers. John Wiley & Sons, 2021.
Kimberly Chew, J. D., and Kathleen Snyder. "How Physicians Might Get in Trouble Using AI (or Not Using AI)." Missouri Medicine 122.3 (2025): 169.

147) Brynjolfsson, Erik; McAfee, Andrew (20 January 2014). *The Second Machine Age: Table of Contents.* W. W. Norton & Company. October 3,2015.

148) Acemoglu, Daron, and Pascual Restrepo. *Automation and rent dissipation: Implications for wages, inequality, and productivity.* No. w32536. National Bureau of Economic Research, 2024.

149) Autor, David. *Applying AI to rebuild middle class jobs.* No. w32140. National Bureau of Economic Research, 2024.

150) MIT의 Autor교수는 직업 양극화 위기속에서 해법도 중산층을 다시 살리는 방안을 제시하는 편이며, 로렌스 써머스 교수는 양극화 논의의 시대의 종언과 함께 새 지형도를 제시하는 편이다.

151) Freeman, Richard B. America Works: Thoughts on an exceptional US labor market. Russell Sage Foundation, 2007.
Freeman, Richard B. "Ownership when AI robots do more of the work and earn more of the income." Journal of Participation and Employee Ownership 1.1 (2018): 74-95.
Freeman, Richard B. "Who owns the robots rules the world." IZA World of Labor (2015).

152) Gordon, Robert J. *Revisiting US productivity growth over the past century with a view of the future.* No. w15834.

National Bureau of Economic Research, 2010.

153) Sharma, Ruchir. "Robots won't kill the workforce. They'll save the global economy."*Retrieved December*11 (2016): 2016.
So, Samuel, et al. "The Cruel Optimism of Tech Work: Tech Workers' Affective Attachments in the Aftermath of 2022-23 Tech Layoffs."*Proceedings of the 2025 CHI Conference on Human Factors in Computing Systems.* 2025.
인용된 Marc Anderssen의 견해 참조

154) David Deming, Christopher Ong, and Lawrence H. Summers, 2024.
"Technological Disruption in the US Labor Market" In Strengthening America's Economic Dynamism, edited by Melissa S. Kearney and Luke Pardue. Washington, DC: Aspen Institute

155) Turner, Dan, et al. "M-RCBG Associate Working Paper Series| No. 252." (2025).

156) Chadha, Jagjit S., and Issam Samiri. "Understanding UK Productivity Using a Macroeconomic Lens." (2025).

157) Sriprasadh, K. "Mapping and Predicting the Human Conducts Through Internet of Behaviour (IoB)." Mapping Human Data and Behavior With the Internet of Behavior (IoB). IGI Global Scientific Publishing, 2025. 43-68.
Manzoor, Rizwan, B. S. Sahay, and Sujeet Kumar Singh. "Blockchain technology in supply chain management: an organizational theoretic overview and research agenda." Annals of Operations Research 348.3 (2025): 1307-1354.

158) Soni, Nidhi, et al. "Drones for Assessments: Internal and External Research Efforts." 2024 International Conference on Communication, Computing and Energy Efficient

Technologies (I3CEET). IEEE, 2024.

159) Abina, Andreja, et al. "Challenging 21st-century competencies for STEM students: companies' vision in Slovenia and Norway in the light of global initiatives for competencies development." Sustainability 16.3 (2024): 1295.
Quigley, Narda R., et al. "Differentiated career ecosystems: Toward understanding underrepresentation and ameliorating disparities in STEM." Human Resource Management Review 34.1 (2024): 101002.

160) A.I. Times "MS가 해고한 인원의 40%는 코더, "인간은 코딩 AI 이상의 능력 필요". 2025.05.15.

제5장

161) Kim, Junmo, and Chang Woo Yoo. "Why'design'does not work well for cluster policy: with the implications for Science and Technology (S&T) manpower policy." International journal of technology management 38.3 (2008): 321-338.

162) Le, Tae-Hwee. "Determinants of Knowledge-Based Maritime Cluster Location Evidenced by South Korea." Journal of Navigation and Port Research 49.2 (2025): 255-261.

163) 김단아, 장석길. "인구감소지역 지원정책의 위계별 특징 분석: 중앙정부, 광역지자체, 기초지자체의 인구감소지역대응 기본계획을 중심으로." 도시행정학보 38.1 (2025): 1-22.

164)

165) 김경환. "지역산업정책 변화에 있어서 지역혁신 지원조직의 진화에 대한 분석: 춘천바이오산업진흥원을 사례로." 한국지리학회지 14.1 (2025): 53-65.

166) 본고에서는 슈퍼 클러스터의 논의도 메가 클러스터 논의의 한 유형으로 이해하고 논의를 진행하였다.

167) Borah, Gongutri. "Urban water stress: climate change implications for water supply in cities." Water Conservation Science and Engineering 10.1 (2025): 20.

168) 김준모 가뭄의 경제학 지식나무 2025. 1월

169) 김보람. "지방자치단체 물 분야 행정의 분업구조 변화에 관한 탐색적 연구: 지방행정조직과 물 정책 간 연결구조의 변화를 중심으로." 지방정부연구 27.4 (2024): 277-312.

170) Salehi, Maryam. "Global water shortage and potable water safety: Today's concern and tomorrow's crisis. "Environment International158 (2022): 106936.

171) Jones, Edward R., Marc FP Bierkens, and Michelle TH van Vliet. "Current and future global water scarcity intensifies when accounting for surface water quality." Nature Climate Change 14.6 (2024): 629-635.

172) Darko, Ransford Opoku, et al. "A review of climate change impacts on irrigation water demand and supply-a detailed analysis of trends, evolution, and future research directions." Water Resources Management 39.1 (2025): 17-45.

173) Wang, Dong, et al. "Water resource utilization and future supply-demand scenarios in energy cities of semi-arid regions." Scientific Reports 15.1 (2025): 5005.

174) 김준모 가뭄의 경제학 지식나무 2025. 1월

175) Agboola, Samuel Oluwatobi, et al. "Waste Pollution and Management: Current Challenges and Future Perspectives." Smart Waste and Wastewater Management by Biotechnological Approaches. Singapore: Springer Nature Singapore, 2025. 3-20.

176) Milligan, Richard, et al. "The hydro-racial fix in

infrastructural regions: Atlanta's situation in a regional water governance conflict." Territory, Politics, Governance 12.6 (2024): 866-883.

177) Tella, Taleat Adewale, et al. "Water and wastewater treatment in developed and developing countries: Present experience and future plans." Smart Nanomaterials for Environmental Applications. Elsevier, 2025. 351-385.

178) Abdelghany, Muhammad Bakr, et al. "Advanced relaxed stochastic control for green energy management and decarbonization in large-scale heterogeneous industrial clusters." Journal of Cleaner Production 501 (2025): 145210.

179) Kayode, Oloruntoba. "Determining the Prevailing Effects among Public Space Utilization Factors in Science Cities: A Study in Cyberjaya, Malaysia." Journal of Civil Engineering and Architecture 19 (2025): 173-183.

180) Kayode, Oloruntoba. "Determining the Prevailing Effects among Public Space Utilization Factors in Science Cities: A Study in Cyberjaya, Malaysia." Journal of Civil Engineering and Architecture 19 (2025): 173-183.

181) Felker, Greg. "Malaysia's ICT sector policymaking: toward a developmental network state." The Pacific Review 38.2 (2025): 338-369.

182) Kam, Andrew Jia-Yi. "Impact of Government Incentives on Digital Content Creators in Malaysia: An Empirical Study." Malaysian Journal of Economic Studies 62.1 (2025): 1-28.

183) Kayode, Oloruntoba. "Determining the Prevailing Effects among Public Space Utilization Factors in Science Cities: A Study in Cyberjaya, Malaysia." Journal of Civil Engineering and Architecture 19 (2025): 173-183.

184) Tang, Chor Foon, and Muhamad Afiq Ikmal Rosidi.

"Investigating the effects of ICT infrastructure on Malaysia's economic growth: Insights from the Solow growth model." Information Technology for Development 31.1 (2025): 124-139.

185) Rahman, HM Mahfuzur, Chinnasamy Agamudai Nambi Malarvizhi, and Nasreen Khan. "Decoding turnover intention in Malaysia's ICT industry: the mediating role of employee loyalty in the nexus between exploring the recruitment and selection, training and development, and work-life balance." Cogent Business & Management 12.1 (2025): 2536672.

186) Ahmad, Mohammad Sameer, et al. "Demand Response Program towards Sustainable Power Supply: Current Status, Challenges, and Prospects in Malaysia." IEEE Access (2025).

187) Rehman, Faisal, et al., eds. "Emerging Trends in Information System Security Using AI & Data Science for Next-Generation Cyber Analytics." (2025).

188) 이점은 오늘날과 미래의 데이터 센터에 대한 요구사항과 동일한 방향의 요구 조건이었으며, 이 점에서 사이버 자야의 최초 기획이 매우 선진적이었다.

189) Malek, Jalaluddin Abdul, and Seng Boon Lim. "Smart city, village, and region in Malaysia." Smart City, Village, and Region Innovation: Innovation and Praxis in Several Countries (2025): 224.

190) Loo, Sara. "2025/43 "Data Centres, Energy Demand and Sustainability: Can Malaysia Strike the Right Balance?" by Sara Loo." (2025).

191) Gera, Weena. "DIGITALIZATION OF REGIONAL GRIDS IN." Energy and Decarbonization in Southeast Asia, volume 2 (2025): 120.

192) Elola, Aitziber, and James R. Wilson. "Cluster management and policy learning: the value of strategic intelligence." European Planning Studies (2025): 1-19.

193) Athukorala, Prema-Chandra, and Asanthe Ekanayake. "International Production and Industrial Transformation: The Singapore Story." The World Economy 48.4 (2025): 831-846.

194) Athukorala, Prema-Chandra, and Asanthe Ekanayake. "International Production and Industrial Transformation: The Singapore Story." The World Economy 48.4 (2025): 831-846.

195) Cheang, Bryan. "Subsidy entrepreneurship and a culture of rent-seeking in Singapore's developmental state." Studies in Comparative International Development 60.1 (2025): 111-141.

196) 윤현선. 개발제한구역 해제를 통해 도입한 산업단지의 생산성 연구. Diss. 서울대학교 대학원, 2025.

197) 이학주, et al. "네트워크 토폴로지 기법 기반의 분산전원 수용용량 한계를 고려한 산업단지의 배전망 계획 수립." 전기학회논문지 74.3 (2025): 385-391.

198) 김윤혜, 김민이. "한국지식재산보호원: 국내·외는 물론 온·오프라인에서 우리 기업의 지식재산권 지키며 K-브랜드의 영토 넓힌다." 월간인물 117 (2025): 118-122.

199) You, Hyun-Ah,. "The Evolution Process and Implication of The Korean Knowledge Industry Centers." Journal of the Economic Geographical Society of Korea 28.1 (2025): 38-51.

200) 김세훈. "뉴노멀 도시 구로의 현재와 미래." 환경논총 75 (2025): 34-45.

201) 성종현. "지역 문화콘텐츠 산업의 문화 기호학적 해석과 미디어 문화 커

뮤니케이션 전략분석." 디지털콘텐츠학회논문지 26.1 (2025): 69-79.

202) Mashiah, Itzhak. "All we need is a Silicon Valley: tech place as a strategic branding tool." Place Branding and Public Diplomacy (2024): 1-11.

203) Maul, Valeska, Robert Rose, and Katharina Hölzle. "Revising digital entrepreneurial ecosystems: An integrative framework and future research agenda." Research Handbook on Entrepreneurial Ecosystems. Edward Elgar Publishing, 2024. 371-393.

204) Aharoni, Yair. "Israeli multinationals: Competing from a small open economy." Standing on the Shoulders of International Business Giants. 2024. 299-341.

205) OECD, Expert Market. (2024). Top 20 Cities to Live and Work in Tech. Fast Company. (2024). Interview with Bobbi Brant.
R&D Statistics OECD (various yrs).
Israeli Ministry of Economy and Industry. Company profiles: Mirabilis, Zooz, Bancor, Stox.

206) Jantos, Louisa, Philipp Bäumle, and Daniel Feser. Removing barriers for sustainability: A qualitative cross-country analysis of entrepreneurial ecosystem attributes in Israel and Germany. No. 44/2024. ifh Working Paper, 2024.

207) Herscovici, Arie, et al. "Lean startup as a model for smart city projects: the case of Tel Aviv-Yafo." International Journal of Entrepreneurship and Small Business 53.2 (2024): 245-257.

208) Menshikov, Vladimir, Oksana Ruza, and Anastasiia Simakhova. "Role of Startups in Promoting Innovations and Sustainable Economic Growth." European Journal of

Sustainable Development 14.2 (2025): 26-26.

209) Schneider, Nathan. "Innovation amnesia: Technology as a substitute for politics." First Monday 29.11 (2024).

210) Avnoon, Netta. "The gates to the profession are open: the alternative institutionalization of data science." Theory and Society 53.2 (2024): 239-271.

211) Shemesh, Merav, and Andrew Abir. "The changing nature of the financial system in Israel in the last two decades."

212) Ofir, Adi, and Motti Zohar. "Spatiotemporal Diffusion Patterns Associated with COVID-19 in the Tel Aviv-Jaffa and Haifa (Israel) Metropolitan Regions." Geographies 5.1 (2025): 14.

213) Almor, Tamar, and Daniel Berliner. "From orange to cyber: the role of international business policy in creating "Startup Nation"." Handbook of International Business Policy. Edward Elgar Publishing, 2024. 226-242.

214) Arie, Herscovici, and Akirav Osnat. "Regional development policy in Galilee periphery in Israel." Growth and Change 55.2 (2024): e12718.

215) Asulin, Efrat, Amalya L. Oliver, and Shai Harel. "Possibilities for Technological Entrepreneurship in Peripheral Space: An Institutional Perspective." Spaces for Creativity and Innovation Within and Across Organizational Boundaries. Emerald Publishing Limited, 2025. 247-269.

216) Horev, Amos. "The Way It Was: Autobiography: Unique Israeli Leader and Visionary." (2024): 1-352.

217) Schenker, Inon, et al. "Age-friendly urban design: an Israeli national case study." Cities & health 8.5 (2024): 828-836.

218) Dekel, Tomer. "The Pillars of Regional Strategic Planning: Guidelines for the Israeli Context." Geography Research

Forum. Vol. 44. 2025.

219) Goldreich, Aharon, and Elena Karashtranova. "OVERVIEW OF THE STEM EDUCATION IN ISRAEL." Pedagogy/ Pedagogika (0861-3982) 96.5 (2024).

220) Truong, Thanh Hue, Bou-Wen Lin, and Ching-Pin Tung. "Strategic legislation for the promotion of university-industry collaborations: a case study of Taiwan." The Journal of Technology Transfer 50.1 (2025): 304-344.

221) Huang, Fu-Chuan Florencia. "Advancing Taiwan's semiconductor industry: Capitalizing on its comparative advantage at the global, regional, and firm levels." Revista IECOS: Instituto de Investigación Económicas y Sociales 25.2 (2024): 53-76.

222) Abdillah, Sultan FI, Sheng-Jie You, and Ya-Fen Wang. "Association between urban agglomerations and total non-exhaust particulate matter emissions from electric vehicles: A case study from urban and non-urban cities in Taiwan." Sustainable Cities and Society 123 (2025): 106289.

223) Hsu, Lin-Fang. The Evolution of the Taiwanese Smart City Industry. Diss. University of London, University College London (United Kingdom), 2025.

224) Wang, Jen Chun, et al. "Utilization of government grants for funding: insights into STEM education teachers in Taiwan." Cogent Education 12.1 (2025): 2530904.

225) 김진호. "미·중 패권 경쟁에서 대만 반도체 산업과 안보." 한국동북아논총 30.1 (2025): 49-68.

226) Hsu, Lin-Fang. "State's role in shaping the smart city industry development." International Journal of Urban Sciences (2025): 1-29.

227) Gräf, Helena, and Salome Topuria. "The impact of the

Covid-19 pandemic on industrial policy in Germany and the European Union-the case of the automotive industry." European Journal of Economics and Economic Policies 22.1 (2025): 118-134.

228) Temouri, Yama, et al. "The role of cluster ecosystems and intellectual capital in achieving high-growth entrepreneurship: evidence from Germany." Journal of Intellectual Capital 26.1 (2025): 1-24.

229) Neumann, Uwe. "Digital transformation, employment change and the adaptation of regions in Germany." Structural Change and Economic Dynamics 73 (2025): 37-50.

230) Cefis, Elena, and Stefania Scrofani. "European National Innovation Policies: A Review of Policy Designs and Scopes." Technological Evolution: How Innovations are Changing our Future (2025): 41-65.

231) Michalski, Tino. Innovatives Business Development und Corporate Start-ups in nachhaltigen High Tech und High Service Clustern. No. 35. Working Papers, 2025.

232) Mertens, Hans. "Productivity Centers—The Creation of the Cluster Success." Industrial Location and Site Planning. Cham: Springer Nature Switzerland, 2025. 397-434.

233) Bohatkiewicz-Czaicka, Joanna, and Marta Gancarczyk. Industrial clusters in international value chains: Conceptual advancement and empirical evidence from European ICT clusters. Taylor & Francis, 2025.

234) Babin, Anatoly, Rafael Ciloci, and Nadiia Davydenko. "Perspectives of sustainable development of cluster organizations through internationalization and dual use." Smart Cities and Regional Development (SCRD) Journal 9.3 (2025): 99-120.

235) Solomon, Pierre, et al. "Integrative analysis of miRNA expression profiles reveals distinct and common molecular mechanisms underlying broad diagnostic groups of severe mental disorders." Molecular psychiatry (2025): 1-20.

236) Bundgaard, Maria, et al. "Experiences of quality cluster meetings in general practice–Findings from a national survey two years after initiation of quality clusters in Denmark." BMC Primary Care 26.1 (2025): 63.

237) Giuffrè, Dario, Naresh Pandit, and Robert Jones. "10. Cluster branding." Elgar Encyclopedia of City and Place Branding (2025): 40.

238) Wang, Yingxin, Montserrat Pallares-Barbera, and Ana Vera. "How the Danish Furniture Industry Gains a Competitive Advantage through Location Strategy–A National and Regional Cluster Analysis." (2025): 121-144.

239) Mogensen, Kirsten. "Branding a small state as an innovation business partner." Place Branding and Public Diplomacy 21.1 (2025): 130-141. https://www.danishlifesciencecluster.dk/en/financing/

240) Schmid, Günther, and Janine Leschke. Governing sustainable school to work transitions: Can Germany learn from Denmark?. No. EME 2025-002. WZB Discussion Paper, 2025.

241) Folkmann, Emilie B., and Lykke Margot Ricard. "Design for longevity in industrial products: a pedagogical case study on steel moulds for injection mould manufacturing." Proceedings of the 6th Product Lifetimes and the Environment Conference (PLATE2025). No. 6. 2025.

242) Cefis, Elena, and Stefania Scrofani. "European National Innovation Policies: A Review of Policy Designs and

Scopes." Technological Evolution: How Innovations are Changing our Future (2025): 41-65.

243) Bodum, Lars, Daniel Galland, and Rasmus Nedergård Steffansen. "The digital transformation of the public sector in Denmark and its influence on urban planning." Planning for Urban Sustainability. Edward Elgar Publishing, 2025. 95-110.

244) https://www.made.dk/en/made-fast/

245) 김단아, and 장석길. "인구감소지역 지원정책의 위계별 특징 분석: 중앙정부, 광역지자체, 기초지자체의 인구감소지역대응 기본계획을 중심으로." 도시행정학보 38.1 (2025): 1-22.

246) Kraas, Frauke, and Martin Coy. Megacities. Springer Berlin, 2030.

247) Jiang, Xinyi, et al. "Synergies between urban heat island and heat extremes and their potential mitigation strategies in Chinese megacities." Journal of Applied Meteorology and Climatology (2025).
Wang, Huanming, and Bing Ran. "Localizing public service provision in megacities: Vertical and horizontal empowerment." Cities 164 (2025): 106115.

248) Silver, Christopher. "Rescuing the Sinking City: A Strategy to Create Sustainable Megacity Jakarta." Development, Inclusion and Sustainability: Issues and Perspectives. Singapore: Springer Nature Singapore, 2025. 137-146.

249) Shishkin, A. V., and E. N. Mzhelskiy. "International Experience in Developing Marketing Strategies for Sustainable Transport Development in Megacities." International Trade and Trade Policy 11.2 (2025).

250) Rukmana, Deden, and Nabilla Dina Adharina. "The urgency of planning megacities in the Global South in the next decade." Town Planning Review (2025): 1-13.

251) Jia, Siqi, et al. "Global investigation of pedestrian-level cooling and energy-saving potentials of green and cool roofs in 43 megacities." Energy and Buildings 337 (2025): 115671.

252) Russell, Christopher J., Chia-Lin Chen, and Chan-Yuan Wong. "Bridging the gap between high-speed rail transport studies and cluster economics through social knowledge exchange: future research potential." Transport Reviews 44.5 (2024): 1103-1127.

253) Dahiya, Bharat, et al., eds. Urban Planning and Design for Megacities in the Global South: Smart and Sustainable Development. Springer Nature, 2025.

254) 전통적인 소송 절차를 대신하거나 보완하는 분쟁 해결 방법을 의미하며, 당사자 간의 자발적 협의를 기반으로 보다 신속하고 비용 효율적인 해결을 도모하는 제도임.

-개념

ADR은 법정 소송 외의 방식으로 분쟁을 해결하는 절차를 통칭하는 것으로, 당사자 간 자율적인 협의와 제3자의 중재를 통해 분쟁을 해결하려는 제도로서 법원의 과중한 업무를 경감하고, 당사자 간의 관계를 보존하며, 신속하고 유연한 해결을 추구하는 데 목적이 있다.

- ADR의 주요 유형

조정(Mediation):제3자인 조정인이 당사자 사이에서 중재하면서 합의에 이르도록 돕는 방식. 조정인은 강제력이 없으며, 합의는 당사자의 자율적 결정에 의해 이루어짐.

중재(Arbitration):제3자인 중재인이 양 당사자의 주장과 증거를 검토하여 판정(Arbitral Award)을 내리는 방식. 중재 판정은 법적 구속력이 있음.

협상(Negotiation):당사자 간 직접적인 대화를 통해 해결책을 모색하는 방식. 제3자의 개입 없이 당사자의 자율성과 창의성에 기반함.

사적 화해(Private Settlement): 변호사 또는 전문가의 조력을 받아 당사자가 법적 절차 밖에서 해결하는 방식. 계약에 의해 법적 효력이 부여

될 수 있음.

민사조정제도 (Court-annexed Mediation): 법원이 주관하거나 관여하는 조정 제도로, 법원 안팎에서 이루어짐.

- ADR의 장점

신속성: 법정 소송보다 절차가 간단하고 시간이 덜 소요됨.

비용 절감: 소송에 비해 절차 비용이 저렴함.

비공개성: 공개 재판과 달리 비밀이 보장되어 민감한 사안 보호 가능.

관계 유지: 당사자 간 대화를 중시함으로써 관계 훼손을 최소화.

자율성 강화: 당사자가 해결 과정에 능동적으로 참여하여 결과에 대한 수용성이 높음.

- ADR의 한계 및 비판

강제력 부족(특히 조정의 경우): 당사자의 합의가 없으면 해결이 불가능.

복잡한 분쟁에는 부적절: 법적 해석이나 강제력이 필요한 경우에는 소송이 더 적절.

절차의 공정성 문제: 비공개 절차로 인해 불공정하거나 비대칭적인 정보 활용의 우려가 있음.

255) Yan, Simin, Pengfei Feng, and Anna Growe. "Regional metropolization in super mega city regions: Suburbanization and functional specialization in the Pearl River Delta." Transactions in Planning and Urban Research 4.1 (2025): 14-37.

256) Shearmur, Richard, and David Doloreux. "The micro-geography of knowledge exchanges in Montreal: Questioning the importance of the neighbourhood scale in an age of virtual communications." Urban Studies (2025): 00420980241301669.

〈참고문헌〉

Abdelghany, Muhammad Bakr, et al. "Advanced relaxed stochastic control for green energy management and decarbonization in large-scale heterogeneous industrial clusters." Journal of Cleaner Production 501 (2025): 145210.

Abdillah, Sultan FI, Sheng-Jie You, and Ya-Fen Wang. "Association between urban agglomerations and total non-exhaust particulate matter emissions from electric vehicles: A case study from urban and non-urban cities in Taiwan." Sustainable Cities and Society 123 (2025): 106289.

Abina, Andreja, et al. "Challenging 21st-century competencies for STEM students: companies' vision in Slovenia and Norway in the light of global initiatives for competencies development." Sustainability 16.3 (2024): 1295.

Abiodun, Kehinde. "Digital infrastructure & sustainable data centers investment in Africa: Role of Tier III & Tier IV." International Journal of Multidisciplinary Research and Growth Evaluation 6.1 (2025): 1878-1888.

Acemoglu, Daron, and Pascual Restrepo.*Automation and rent dissipation: Implications for wages, inequality, and productivity.* No. w32536. National Bureau of Economic Research, 2024.

Agboola, Samuel Oluwatobi, et al. "Waste Pollution and Management: Current Challenges and Future Perspectives." Smart Waste and Wastewater Management by Biotechnological Approaches.

Singapore: Springer Nature Singapore, 2025. 3-20.

Aharoni, Yair. "Israeli multinationals: Competing from a small open economy." Standing on the Shoulders of International Business Giants. 2024. 299-341.

Ahmad, Mohammad Sameer, et al. "Demand Response Program towards Sustainable Power Supply: Current Status, Challenges, and Prospects in Malaysia." IEEE Access (2025).

Almor, Tamar, and Daniel Berliner. "From orange to cyber: the role of international business policy in creating "Startup Nation"." Handbook of International Business Policy. Edward Elgar Publishing, 2024. 226-242.

Arasteh, D., R. Johnson, and S. Selkowitz. "DEFINITION AND USE OF A DAYLIGHT" COOLNESS"" INDEX." (1986).

Arie, Herscovici, and Akirav Osnat. "Regional development policy in Galilee periphery in Israel." Growth and Change 55.2 (2024): e12718.

Asulin, Efrat, Amalya L. Oliver, and Shai Harel. "Possibilities for Technological Entrepreneurship in Peripheral Space: An Institutional Perspective." Spaces for Creativity and Innovation Within and Across Organizational Boundaries. Emerald Publishing Limited, 2025. 247-269.

Athukorala, Prema-Chandra, and Asanthe Ekanayake. "International Production and Industrial Transformation: The Singapore Story." The World Economy 48.4 (2025): 831-846.

Audretsch, David B., Erik E. Lehmann, and Nikolaus Seitz. "Amenities, subcultures, and entrepreneurship." Small Business Economics 56.2 (2021): 571-591.

Autor, David, et al. Places versus people: the ins and outs of labor market adjustment to globalization. No. w33424. National Bureau of Economic Research, 2025.

Autor, David H., David Dorn, and Gordon H. Hanson. "Untangling trade and technology: Evidence from local labour markets. "*The Economic Journal* 125.584 (2015): 621-646.

Autor, David H., Lawrence F. Katz, and Melissa S. Kearney. "The polarization of the US labor market."*American economic review*96.2 (2006): 189-194.

Autor, David.*Applying AI to rebuild middle class jobs*. No. w32140. National Bureau of Economic Research, 2024.

Avnoon, Netta. "The gates to the profession are open: the alternative institutionalization of data science." Theory and Society 53.2 (2024): 239-271.

Azhdari, Abolghasem, Thomas Sigler, and Dorina Pojani. "American superstar cities fade as remote work sparks migration southward and inland, exacerbating urban sprawl." (2024).

Azimov, B., and Y. Yodgorova. "Methods of studying the state of competition in the educational services market." Journal of Applied Science and Social Science 1.1 (2025): 66-75.

Babin, Anatoly, Rafael Ciloci, and Nadiia Davydenko. "Perspectives of sustainable development of cluster organizations through internationalization and dual use." Smart Cities and Regional

Development (SCRD) Journal 9.3 (2025): 99-120.

Bacaria, Jordi, Susana Borràs Alomar, and Andrea Fernández-Ribas. "The changing institutional structure and performance of the Catalan innovation system." Regional Innovation Systems. Routledge, 2024. 63-90.

Barbera, Filippo, and Sara Fassero. "The place-based nature of technological innovation: the case of Sophia Antipolis." The Journal of Technology Transfer 38.3 (2013): 216-234.

Belso, Jose-Antonio, et al. "How much do cluster institutions drive a firm's green innovation? A multi-level analysis." Regional Studies 59.1 (2025): 2298317.

Bernasconi, Michel, and Dominique Jolly. "The size and the characteristics of the high-tech spin-off phenomenon in Sophia Antipolis." Handbook of Research on Techno-Entrepreneurship. Edward Elgar Publishing, 2007.

Bettanti, Alberto, Antonella Lanati, and Alessandro Missoni. "Biopharmaceutical innovation ecosystems: a stakeholder model and the case of Lombardy." The Journal of Technology Transfer 47.6 (2022)

Bjarnar, Ove, Rolv Petter Amdam, and Lise Lillebrygfjeld Halse. "Narratives in context of cluster globalization." European Planning Studies (2025): 1-17.

Bodum, Lars, Daniel Galland, and Rasmus Nedergård Steffansen. "The digital transformation of the public sector in Denmark and its influence on urban planning." Planning for Urban Sustainability. Edward Elgar Publishing, 2025. 95-110.

Bohatkiewicz-Czaicka, Joanna, and Marta Gancarczyk. Industrial clusters in international value chains: Conceptual advancement and empirical evidence from European ICT clusters. Taylor & Francis, 2025.

Borah, Gongutri. "Urban water stress: climate change implications for water supply in cities." Water Conservation Science and Engineering 10.1 (2025): 20.

Brynjolfsson, Erik, and Andrew McAfee. "Thriving in the automated economy." The Futurist 46.2 (2012): 27-31.

Brynjolfsson, Erik; McAfee, Andrew (20 January 2014). *The Second Machine Age: Table of Contents*. W. W. Norton & Company. October 3,2015.

Bundgaard, Maria, et al. "Experiences of quality cluster meetings in general practice– Findings from a national survey two years after initiation of quality clusters in Denmark." BMC Primary Care 26.1 (2025): 63.

Camagni, Roberto P. "From city hierarchy to city network: reflections about an emerging paradigm." Structure and change in the space economy: Festschrift in honor of Martin J. Beckmann. Berlin, Heidelberg: Springer Berlin Heidelberg, 1993. 66-87.

Carter, Ian. "The national research and innovation system in the United Kingdom: a brief history." Journal of Research Management and Administration 3.1 (2024): 202403092-202403092.

Cefis, Elena, and Stefania Scrofani. "European National Innovation Policies: A Review of Policy Designs and Scopes." Technological Evolution: How Innovations are Changing our Future (2025):

41-65.

Chadha, Jagjit S., and Issam Samiri. "Understanding UK Productivity Using a Macroeconomic Lens." (2025).

Charles, Agoha Chidiebere, et al. "Review of spatial analysis as a geographic information management tool." American Journal of Engineering and Technology Management 9.1 (2024): 8-20.

Charles, Constantin. "Company-College Co-Location: Do Universities Create Local Innovation Clusters?." Available at SSRN 3499277 (2021).

Chazin, Hannah. Live Stock and Dead things: The archaeology of zoopolitics between domestication and modernity. University of Chicago Press, 2024.

Cheang, Bryan. "Subsidy entrepreneurship and a culture of rent-seeking in Singapore's developmental state." Studies in Comparative International Development 60.1 (2025): 111-141.

Chen, Dongyang, Guanqi Zhao, and Yihang Yang. "Research on Location of Supply Chain Center of Natural Resources based on K-means Clustering Model." 2022 4th International Conference on Communications, Information System and Computer Engineering (CISCE). IEEE, 2022.

CHIFOR, Diana-Cosmina, Lucian Cezar MAIER, and Felix Horatiu ARION. "Empirical Insights-Mapping the Key Factors that Have an Influence on Clusters Competitiveness." Bulletin of the University of Agricultural Sciences & Veterinary Medicine Cluj-Napoca. Horticulture 81.1 (2024).

Choi, Hyungu, et al. "Integrated Predictive Model of Air Traffic Flow Using Deep Learning." AIAA AVIATION FORUM AND ASCEND 2025. 2025.

Chu, Han, Robert Hassink, and Şükrü Yılmaz. "Fragmented or engaged pluralism in economic geography?." Progress in Human Geography 48.3 (2024): 247-274.

Cooke, Philip, and Rafael Boix Doménech. "A global assemblage of tax haven clusters: profit shifting, tax dodging and money laundering." Investigaciones Regionales= Journal of Regional Research 60 (2024): 23-37.

Cooke, Philip. ""Agentic" cluster aggression: KIBS auditors and law firms as key tax haven drivers." Competitiveness Review: An International Business Journal 34.5 (2024): 1036-1053.

Cooke, Philip, and Rafael Boix Doménech. "A global assemblage of tax haven clusters: profit shifting, tax dodging and money laundering." Investigaciones Regionales= Journal of Regional Research 60 (2024): 23-37.

Cornet, Bernard. "Linear exchange economies." Marginal Revolution in Economics: A Reappraisal. Singapore: Springer Nature Singapore, 2024. 239-250.

Crank, Peter J., et al. "Sociodemographic determinants of extreme heat and ozone risk among older adults in 3 sun belt cities." The Journals of Gerontology, Series A: Biological Sciences and Medical Sciences 79.8 (2024): glae164.

D'Adamo, Idiano, et al. "Economic performance, environmental protection and social progress: A cluster analysis comparison towards sustainable development." Sustainability 16.12 (2024): 5049.

Daedeok Innopolis Management Office. (2008) Guideline & Manual of Science Park Development (Daejeon: Daedeok Innopolis).

Daejeon Metropolitan City. (1997) Development Plan for the Daejeon High-Tech Industrial Park (Daejeon: Daejeon Metropolitan City).

Daejeon Metropolitan City. (2002) Masterplan of Daedeok Techno Valley (DTV)(Daejeon: Daejeon Metropolitan City).

Darko, Ransford Opoku, et al. "A review of climate change impacts on irrigation water demand and supply-a detailed analysis of trends, evolution, and future research directions." Water Resources Management 39.1 (2025): 17-45.

David Deming, Christopher Ong, and Lawrence H. Summers, "Technological Disruption in the US Labor Market" In Strengthening America's Economic Dynamism, edited by Melissa S. Kearney and Luke Pardue. Washington, DC: Aspen Institute 2024

Dahiya, Bharat, et al., eds. Urban Planning and Design for Megacities in the Global South: Smart and Sustainable Development. Springer Nature, 2025.

De Maria, Massimo, et al. "Analysis of Regional Imbalances in Italy Based on Cluster Analysis." International Conference on Computational Science and Its Applications. Cham: Springer International Publishing, 2021.

Dearing, James W. "Building a City for Scientists: Does it Still Make

Sense?." Available at SSRN 5333808.

Dekel, Tomer. "The Pillars of Regional Strategic Planning: Guidelines for the Israeli Context." Geography Research Forum. Vol. 44. 2025.

Delgado, Mercedes, Michael E. Porter, and Scott Stern. "Clusters, convergence, and economic performance." Research policy 43.10 (2014): 1785-1799.

Delgado, Francisco J., Matías Mayor, and Maria J. Presno. "Heterogeneity of research and development expenditure: a convergence analysis for the Spanish regions." International Regional Science Review 47.1 (2024): 67-99.

Dimos, Christos, Felicia M. Fai, and Philip R. Tomlinson. "The attractiveness of university and corporate anchor tenants in the conception of a new cluster." Regional Studies 55.8 (2021): 1473-1486.

dos Santos Silvestre, Bruno, and Paulo Roberto Tavares Dalcol. "Innovation in natural resource-based industrial clusters: a study of the Brazilian oil and gas sector." International Journal of Management 27.3 (2010): 713.

Dughera, Stefano, et al. "Are temporary hires good or bad for innovation? The Italian evidence." Economics of Innovation and New Technology 33.8 (2024): 1121-1144.

Edwards, Dustin, Zane Griffin Talley Cooper, and Mél Hogan. "The making of critical data center studies." Convergence 31.2 (2025): 429-446.

Elola, Aitziber, and James R. Wilson. "Cluster management and policy learning: the value of strategic intelligence." European Planning Studies (2025): 1-19.

Escobedo, Rudy Fernández, Begoña Eguía Peña, and Leire Aldaz Odriozola. "Cluster mapping in Spain: exploring correlation between industrial agglomeration and regional performance." Investigaciones Regionales= Journal of Regional Research 59 (2024): 81-104.

Etheridge, Tammi S. "The Big Cost of Small Farms." Florida Law Review 77.2 (2025): 465.

Fadaeefath Abadi, Mostafa, et al. "Dynamic Maintenance Cost Optimization in Data Centers: An Availability-Based Approach for K-out-of-N Systems." Buildings (2075-5309) 15.7 (2025).

Felker, Greg. "Malaysia's ICT sector policymaking: toward a developmental network state." The Pacific Review 38.2 (2025): 338-369.

Findlay, Ronald. "Comparative advantage." The World of Economics. London: Palgrave Macmillan UK, 1991. 99-107.

Finklea, I. I., and Jakob Kegel. "High Flyers: A Study on Competition, Price and Service Quality in the European Aviation Industry." (2005).

Fiorini, Niccolò, Tommaso Pucci, and Lorenzo Zanni. "Life Science Business Ecosystems: Analysis of Recent Studies and Future Perspectives." Business in a Turbulent Era, Volume II: Technology, Society, and Policy. Cham: Springer Nature

Switzerland, 2025. 313-332.

Florida, Richard, and Todd Gabe. "Assessing the rise and geography of the creative economy." Handbook of Creativity Assessment (2024): 215-233.

Florida, Richard, and Patrick Adler. "Locational strategy: Understanding location in economic geography and corporate strategy." Global Strategy Journal 12.3 (2022): 472-487.

Florida, Richard, and Charlotta Mellander. "The global creativity index: National creativity ecosystems and their relationship to economic development and inequality." Global creative ecosystems: A critical understanding of sustainable creative and cultural production. Cham: Springer International Publishing, 2023. 173-196.

Florida, Richard. "The economic geography of talent." Annals of the Association of American geographers 92.4 (2002): 743-755.

Folkmann, Emilie B., and Lykke Margot Ricard. "Design for longevity in industrial products: a pedagogical case study on steel moulds for injection mould manufacturing." Proceedings of the 6th Product Lifetimes and the Environment Conference (PLATE2025). No. 6. 2025.

Francois, Joseph, and Julia Woerz. "Producer services, manufacturing linkages, and trade." Journal of Industry, Competition and Trade 8.3 (2008): 199-229.

Freeman, Richard B. America Works: Thoughts on an exceptional

US labor market. Russell Sage Foundation, 2007.

Freeman, Richard B. "Ownership when AI robots do more of the work and earn more of the income." Journal of Participation and Employee Ownership 1.1 (2018): 74-95.

Freeman, Richard B. "Who owns the robots rules the world." IZA World of Labor (2015).

Galbraith, James K. The predator state: How conservatives abandoned the free market and why liberals should too. Simon and Schuster, 2008.

Galbraith, James K. Created unequal: The crisis in American pay. University of Chicago Press, 2000.

Galbraith, James K. Inequality and instability: A study of the world economy just before the great crisis. Oxford University Press, 2012.

Galbraith, James K. Inequality: What everyone needs to know®. Oxford University Press, 2016.

Galbraith, James K. The end of normal: The great crisis and the future of growth. Simon and Schuster, 2015.

Gera, Weena. "DIGITALIZATION OF REGIONAL GRIDS IN." Energy and Decarbonization in Southeast Asia, volume 2 (2025): 120.

Gertler, Meric S., and David A. Wolfe. "Ontario's regional innovation system: The evolution of knowledge-based institutional assets." Regional innovation systems. Routledge, 2024. 91-124.

Giuffrè, Dario, Naresh Pandit, and Robert Jones. "10. Cluster branding." Elgar Encyclopedia of City and Place Branding (2025): 40.

Godfrey, Brian J., and Yu Zhou. "Ranking world cities: multinational corporations and the global urban hierarchy." Urban geography 20.3 (1999): 268-281.

Goerzen, Anthony, Christian Geisler Asmussen, and Bo Bernhard Nielsen. "Global cities, the liability of foreignness, and theory on place and space in international business." Journal of International Business Studies 55.1 (2024): 10-27.

Goldreich, Aharon, and Elena Karashtranova. "OVERVIEW OF THE STEM EDUCATION IN ISRAEL." Pedagogy/Pedagogika (0861-3982) 96.5 (2024).

Gordon, Robert J.Revisiting US productivity growth over the past century with a view of the future. No. w15834. National Bureau of Economic Research, 2010.

Gräf, Helena, and Salome Topuria. "The impact of the Covid-19 pandemic on industrial policy in Germany and the European Union–the case of the automotive industry." European Journal of Economics and Economic Policies 22.1 (2025): 118-134.

Gu, Yanyan, et al. "How to determine city hierarchies and spatial structure of a megaregion?." Geo-spatial Information Science 27.2 (2024): 276-288.

Hancock, David J., Matthew Vierimaa, and Ashley Newman. "The geography of talent development." Frontiers in Sports and

Active Living 4 (2022): 1031227.

Hansen, Niles. "Dynamic externalities and spatial innovation diffusion: implications for peripheral regions." International Journal of Technology, Policy and Management 2.3 (2002): 260-271.

Hassink, Robert, and Han Chu. "Serendipity and Human Geography." The Encyclopedia of Human Geography. Cham: Springer International Publishing, 2024. 1-4.

Heidenreich, Martin. "Conclusion: the dilemmas of regional innovation systems." Regional innovation systems. Routledge, 2024. 363-389.

Herscovici, Arie, et al. "Lean startup as a model for smart city projects: the case of Tel Aviv-Yafo." International Journal of Entrepreneurship and Small Business 53.2 (2024): 245-257.

Hidayat, Topik. "Numerical Taxonomy in School: Sustainability in Biodiversity Learning." KnE Social Sciences (2024): 111-119.

Hoen, Alex R., and Jan Oosterhaven. "On the measurement of comparative advantage." The Annals of Regional Science 40.3 (2006): 677-691.

Hogan, Mél. "The data center industrial complex." Saturation: An elemental politics (2021): 283-305.

Horev, Amos. "The Way It Was: Autobiography: Unique Israeli Leader and Visionary." (2024): 1-352.

Horrigan, John B., and Robert H. Wilson. "Telecommunications

technologies and urban development: Strategies in US cities."
International Journal of Technology, Policy and Management
2.3 (2002): 338-354.

Horrigan, John B., Thomas M. Lenard, and Stephen McGonegal. "Cities
online: Urban development and the internet." (2001): 2001.

Hsu, Lin-Fang. The Evolution of the Taiwanese Smart City Industry.
Diss. University of London, University College London (United
Kingdom), 2025.

Hsu, Lin-Fang. "State's role in shaping the smart city industry
development." International Journal of Urban Sciences (2025):
1-29.

Huang, Fu-Chuan Florencia. "Advancing Taiwan's semiconductor
industry: Capitalizing on its comparative advantage at the
global, regional, and firm levels." Revista IECOS: Instituto de
Investigación Económicas y Sociales 25.2 (2024): 53-76.

Israeli Ministry of Economy and Industry. Company profiles: Mirabilis,
Zooz, Bancor, Stox.

Jain, Amit, and Will Mitchell. "Specialization as a double-edged sword:
The relationship of scientist specialization with R&D
productivity and impact following collaborator change."
Strategic Management Journal 43.5 (2022): 986-1024.

Jantos, Louisa, Philipp Bäumle, and Daniel Feser. Removing barriers
for sustainability: A qualitative cross-country analysis of
entrepreneurial ecosystem attributes in Israel and Germany.
No. 44/2024. ifh Working Paper, 2024.

Jha, Rohan, Rishabh Jha, and Mazhar Islam. "Forecasting US data center CO2 emissions using AI models: emissions reduction strategies and policy recommendations." Frontiers in Sustainability 5 (2025): 1507030.

Jia, Siqi, et al. "Global investigation of pedestrian-level cooling and energy-saving potentials of green and cool roofs in 43 megacities." Energy and Buildings 337 (2025): 115671.

Jiang, Xinyi, et al. "Synergies between urban heat island and heat extremes and their potential mitigation strategies in Chinese megacities." Journal of Applied Meteorology and Climatology (2025).

Jones, Edward R., Marc FP Bierkens, and Michelle TH van Vliet. "Current and future global water scarcity intensifies when accounting for surface water quality." Nature Climate Change 14.6 (2024): 629-635.

Jois, Achutha, and Somnath Chakrabarti. "Adapting and validating global knowledge branding scales in the education services sector." VINE Journal of Information and Knowledge Management Systems 55.1 (2025): 74-112.

Jou-Badal, Xavier. "The recipe to sweet success: competitive advantages for a Spanish chocolatier, 1874–1910." Journal of Management History (2024).

Kaji, Tadashi, et al. "Trends in Smart Cities: Global and Japanese Perspectives." The Architecture of "Society 5.0" Six Key Factors for a People-Centric and Sustainable Smart City. Singapore: Springer Nature Singapore, 2025. 13-38.

Kalaivani, M., et al. "The Next Wave in Marketing: Data Science in the Age of Generative AI." Navigating Data Science. Emerald Publishing Limited, 2025. 13-26.

Kaletsky, Anatole. Capitalism 4.0: The birth of a new economy in the aftermath of crisis. Public Affairs, 2011.

Kam, Andrew Jia-Yi. "Impact of Government Incentives on Digital Content Creators in Malaysia: An Empirical Study." Malaysian Journal of Economic Studies 62.1 (2025): 1-28.

Kang, Song Hee, Jae Seung Lee, and Saehoon Kim. "Has South Korea's policy of relocating public institutions been successful? A case study of 12 agglomeration areas under the Innovation City Policy." Urban Studies 61.5 (2024): 900-922.

Kaplan, Jerry. Humans Need Not Apply: A Guide to Wealth & Work in the Age of Artificial Intelligence. Yale University Press, 2015.

Karlamangla, Soumya. "Cal State and Its Faculty Reach a Tentative Deal." The New York Times (Digital Edition) (2024)

Kayode, Oloruntoba. "Determining the Prevailing Effects among Public Space Utilization Factors in Science Cities: A Study in Cyberjaya, Malaysia." Journal of Civil Engineering and Architecture 19 (2025): 173-183.

Kharel, Subham, et al. "Impact of Zoning Regulations on Transportation Equity of Job Accessibility: A Spatial Autoregressive Approach for the Dallas-Fort Worth and Houston-Galveston Area Council Areas." Transportation

Research Record 2679.1 (2025): 1259-1277.

Kim, Junmo. "Economic integration of major industrialized areas: an empirical tracking of the continued trend." Technological Forecasting and social change 67.2-3 (2001): 187-202.

Kim, Junmo, The South Korean Economy Ashgate 2002

Kim, Junmo. "Are industries destined toward" productivity paradox"? An empirical case of Korea." International Journal of Technology Management 29.3-4 (2005): 263-279.

Kim, Junmo. "A second chance for the flexible specialisation with robotics? Ageing society in Korea as a case." International Journal of Technology, Policy and Management 15.1 (2015): 45-58.

Kim, Junmo, and Hae-Geun Song. "Tracing the Convergence of Industrial Sectors: Has the 4th Revolution Arrived Already? Or Are We on the Track?." Journal of the Korean Society of Industry Convergence 27.4_1 (2024): 781-795.

Kimberly Chew, J. D., and Kathleen Snyder. "How Physicians Might Get in Trouble Using AI (or Not Using AI)." Missouri Medicine 122.3 (2025): 169.

Kiracı, Kasım. "The nexus between air cargo and international trade: Empirical evidence from country groups." Journal of Air Transport Management 125.10277 (2025): 8.

Kraas, Frauke, and Martin Coy. Megacities. Springer Berlin, 2030.

Lafite, P. "Sophia-Antipolis and its impact on the côte d'azur."

Science Parks and Innovation Centres: their Economic and Social Impacts, Amsterdã: Elsevier (1985): 87-90.

Lazaric, Nathalie, Christian Longhi, and Catherine Thomas. "From geographical to organized proximity: the case of the Telecom Valley in Sophia Antipolis." contribution to the 4th Proximity Conference, Proximity, Networks and Coordination, Marseille June. 2004.

Le, Tae-Hwee. "Determinants of Knowledge-Based Maritime Cluster Location Evidenced by South Korea." Journal of Navigation and Port Research 49.2 (2025): 255-261.

Leduc, Sylvain, and Daniel J. Wilson. "Snow Belt to Sun Belt Migration: End of an Era?." Federal Reserve Bank of San Francisco, 2024.

Lei, Nuoa, et al. "The water use of data center workloads: A review and assessment of key determinants." Resources, Conservation and Recycling 219 (2025): 108310.

Leogrande, Angelo, Carlo Drago, and Alberto Costantiello. "Knowledge Workers and Regional Economic Disparities in Italy: A Data-Driven Analysis." (2025).

Leogrande, Angelo. "The Innovation of the Production System in the Italian Regions." (2024).

Leogrande, Angelo. "Cultural and Creative Employment Across Italian Regions." (2024).

Li, Luyao, Yang Qiu, and Jing Xu. "A K-means clustered routing algorithm with location and energy awareness for underwater wireless sensor networks." Photonics. Vol. 9. No. 5. MDPI, 2022.

Li, Chao, Wanling He, and Erbao Cao. "Impact of green data center pilots on the digital economy development: An empirical study based on dual machine learning methods." Computers & Industrial Engineering 201 (2025): 110914.

Lipson, Hod. *COMMITTEE ON RESEARCH COMPUTING and DATA INFRASTRUCTURE*. Diss. Lamont-Doherty Earth Observatory, 2024.

Longhi, Christian, and Michel Quere. "The Sophia-Antipolis project or the uncertain creation of an innovative milieu." The dynamics of innovative regions. Routledge, 2019. 219-236.

Longhi, Christian, and Michel Quéré. "Innovative networks and the technopolis phenomenon: the case of Sophia-Antipolis." Environment and Planning C: Government and Policy 11.3 (1993): 317-330.

Loo, Sara. "2025/43 "Data Centres, Energy Demand and Sustainability: Can Malaysia Strike the Right Balance?" by Sara Loo." (2025).

Lundgren, Emma. "A Comparative Analysis of the Regional Innovation Systems in Stockholm and Silicon Valley: A study about cooperation between the government, the industry and the universities in regional innovation systems." (2025).

Malek, Jalaluddin Abdul, and Seng Boon Lim. "Smart city, village, and region in Malaysia." Smart City, Village, and Region Innovation: Innovation and Praxis in Several Countries (2025): 224.

Manzoor, Rizwan, B. S. Sahay, and Sujeet Kumar Singh. "Blockchain technology in supply chain management: an organizational theoretic overview and research agenda." Annals of Operations Research 348.3 (2025): 1307-1354.

Marbach, Moritz. "Causal effects, migration, and legacy studies." American Journal of Political Science 68.4 (2024): 1447-1459.

Markovich, Sarit, and Yaron Yehezkel. "Competing for cookies: Platforms' business models in data markets with network effects." Management Science (2025).

Mashiah, Itzhak. "All we need is a Silicon Valley: tech place as a strategic branding tool." Place Branding and Public Diplomacy (2024): 1-11.

Mastrorilli, Marcello, et al. "The Development of Soil Science in Apulia." Soil Science in Italy: 1861 to 2024. Cham: Springer International Publishing, 2024. 369-381.

Maul, Valeska, Robert Rose, and Katharina Hölzle. "Revising digital entrepreneurial ecosystems: An integrative framework and future research agenda." Research Handbook on Entrepreneurial Ecosystems. Edward Elgar Publishing, 2024. 371-393.

McAfee, Andrew, and Erik Brynjolfsson. Machine, platform, crowd: Harnessing our digital future. WW Norton & Company, 2017.

McDonald, John F. "The Marginal Revolution in the US." American Economic History: Earliest Americans to 1914. Cham: Springer Nature Switzerland, 2025. 151-154.

Menshikov, Vladimir, Oksana Ruza, and Anastasiia Simakhova. "Role of Startups in Promoting Innovations and Sustainable

Economic Growth." European Journal of Sustainable Development 14.2 (2025): 26-26.

Mertens, Hans. "Productivity Centers—The Creation of the Cluster Success." Industrial Location and Site Planning. Cham: Springer Nature Switzerland, 2025. 397-434.

Michalski, Tino. Innovatives Business Development und Corporate Start-ups in nachhaltigen High Tech und High Service Clustern. No. 35. Working Papers, 2025.

Migozzi, Julien, Michael Urban, and Dariusz Wojcik. ""You should do what India does": FinTech ecosystems in India reshaping the geography of finance." Geoforum 151 (2024): 103720.

Milligan, Richard, et al. "The hydro-racial fix in infrastructural regions: Atlanta's situation in a regional water governance conflict." Territory, Politics, Governance 12.6 (2024): 866-883.

Ministry of Science and Technology. (2002) Daedeok Science Town, Masterplan (Gwacheon: Ministry of Science and Technology, Republic of Korea).

Ministry of Science and Technology (2008) Synthesized Development Plan for Daedeok Innopolis (Gwacheon: Ministry of Science and Technology, Republic of Korea).

Moretti, Enrico. The new geography of jobs. Houghton Mifflin Harcourt, 2012.

Mogensen, Kirsten. "Branding a small state as an innovation business partner." PlaceBranding and Public Diplomacy 21.1 (2025):

130-141.

Mouate, Olivier, and Muriel Travers. "The impact of cultural amenities on inter-urban location: a discrete choice experiment on French students." Journal of Cultural Economics 48.4 (2024): 575-614.

Muro, Mark, S Liu, J Whiton, S Kulkarni. "Digitalization and the American workforce."*Brookings Paper*(2017).

Nee, Victor. "The Assembly of an American Sociologist." Annual Review of Sociology 51 (2025).

Nelson, Richard R. "Thinking about technology policy:'Market failures' versus' innovation systems'." (2025).
Phillips, Fred Young, Benjamin Matheson, and Urusha Thapa. "Why Do Regional Innovation." Smart City 2.0: Strategies And Innovations For City Development 8 (2023): 235.

Neumann, Uwe. "Digital transformation, employment change and the adaptation of regions in Germany." Structural Change and Economic Dynamics 73 (2025): 37-50.

OECD, Expert Market. (2024). Top 20 Cities to Live and Work in Tech. Fast Company. (2024). Interview with Bobbi Brant. R&D Statistics   OECD (various yrs).

Ofir, Adi, and Motti Zohar. "Spatiotemporal Diffusion Patterns Associated with COVID-19 in the Tel Aviv-Jaffa and Haifa (Israel) Metropolitan Regions." Geographies 5.1 (2025): 14.

Oh, D.S., and Masser, I. (1995) "High-Tech Centers and Regional Innovation - Some Case Studies in the U.K, Germany, Japan and Korea," in Bertuglia. C.S. (eds.)

Olney, William W., and Owen Thompson. The determinants of declining internal migration. No. w32123. National Bureau of Economic Research, 2024.

Phillips, Fred Young, et al. "Why Do Regional Innovation Systems Not Have Comprehensive Information Support?." SMART CITY 2.0: Strategies and Innovations for City Development. 2023. 235-262.

Poletto, Chiara, et al. "Techno-economic assessment of a Carnot battery thermally integrated with a data center." Applied Thermal Engineering 260 (2025): 124952.

Ponomarenko, Tatyana V., Ilya G. Gorbatyuk, and Aleksei E. Cherepovitsyn. "Industrial clusters as an organizational model for the development of Russia petrochemical industry." Записки Горного института 270 (eng) (2024): 1024-1037.

Porter, Michael E. "Locations, clusters, and company strategy." The Oxford handbook of economic geography 253 (2000): 274.

Porter, Michael E. "Clusters and competition." On competition 7 (1998): 91.

Porter, Michael E. "New global strategies for competitive advantage." Planning review 18.3 (1990): 4-14.

Pramana, Anestya, et al. "Evaluation criteria of high-flyer tech startup investments by venture capital firms in indonesia." The 35th IBIMA Conference: Education Excellence and Innovation Management: A. 2025.

Putnam, Robert D., Raffaella Y. Nanetti, and Robert Leonardi. "Making democracy work: Civic traditions in modern Italy." (1994): 1-280.

Quéré, Michel. "Sophia-Antipolis as a 'reverse' science park: from exogenous to endogenous development." Applied evolutionary economics and economic geography (2007): 48-66.

Quigley, Narda R., et al. "Differentiated career ecosystems: Toward understanding underrepresentation and ameliorating disparities in STEM." Human Resource Management Review 34.1 (2024): 101002.

Rahman, HM Mahfuzur, Chinnasamy Agamudai Nambi Malarvizhi, and Nasreen Khan. "Decoding turnover intention in Malaysia's ICT industry: the mediating role of employee loyalty in the nexus between exploring the recruitment and selection, training and development, and work-life balance." Cogent Business & Management 12.1 (2025): 2536672.

Rahmat, Fachruddin, et al. "Industrial Cluster with System Dynamic Approach to Improve Competitiveness: Study on the Micro-and Small-scale Ethanol Industry in Sukoharjo, Indonesia." (2025): 1131-1153.

Rank, Mark Robert. The Random Factor: How Chance and Luck Profoundly Shape Our Lives and the World Around Us. Univ of California Press, 2024.

Rehman, Faisal, et al., eds. "Emerging Trends in Information System Security Using AI & Data Science for Next-Generation Cyber Analytics." (2025).

Reijers, Wessel, Mark Thomas Young, and Mark Coeckelbergh. "Emerging Technology and Inequality." Introduction to the Ethics of Emerging Technologies. Cham: Springer Nature Switzerland, 2025. 195-219.

Ribeiro, Vitória, Lívia Pessoa Sakamoto, and Luciana Bongiovanni Martins Schenk. "Open space system and science parks: landscapes of knowledge." PARC: Pesquisa em Arquitetura e Construção 16 (2025): e025010-e025010.

Robustelli, Tim, et al. "Displaced in the Sun Belt: Mapping Housing Loss Across the American South." (2021). https://www.resiclu banalytics.com/p/net-domestic-migration-which-states-ar e-gaining-and-losing-americans

Rubenstein, James M., William H. Renwick, and Carl T. Dahlman. "Introduction to contemporary geography." (2013).

Rukmana, Deden, and Nabilla Dina Adharina. "The urgency of planning megacities in the Global South in the next decade." Town Planning Review (2025): 1-13.

Russell, Christopher J., Chia-Lin Chen, and Chan-Yuan Wong. "Bridging the gap between high-speed rail transport studies and cluster economics through social knowledge exchange: future research potential." Transport Reviews 44.5 (2024): 1103-1127.

Sabitu, Abubakar. "A Critical Examination of Methodological Approaches in Economics: Theoretical Foundations and Implications." FUDMA Journal of Humanities, Social Science and Creative Arts 1.AHBSI (2025): 165-174.

Salehi, Maryam. "Global water shortage and potable water safety: Today's concern and tomorrow's crisis."*Environment International*158 (2022): 106936.

Sandberg, Johan, and Axel Fredholm. "Sweden in the quest for global talent." International Talent Management in Times of Crisis. Edward Elgar Publishing, 2025. 86-99.

Sandberg, Johan. "Stockholm: social mechanisms of migrants' emplacement in a segregated global city." Urbanization and Migration in Three Continents. Routledge, 2024. 169-191.

Sandoval Hamón, Leyla A., et al. "From high-tech clusters to open innovation ecosystems: a systematic literature review of the relationship between science and technology parks and universities." The Journal of Technology Transfer 49.2 (2024): 689-714.

Saydullayevich, Adurakhmanov Turakhon, and Abdumutalibova Kibriyo. "GEOGRAPHY OF THE USA AND ITS POPULATION." Tadqiqotlar 62.3 (2025): 269-273.

Shearmur, Richard, and David Doloreux. "The micro-geography of knowledge exchanges in Montreal: Questioning the importance of the neighbourhood scale in an age of virtual communications." Urban Studies (2025): 00420980241301669.

Schenker, Inon, et al. "Age-friendly urban design: an Israeli national case study." Cities & health 8.5 (2024): 828-836.

Schmid, Günther, and Janine Leschke. Governing sustainable school to work transitions: Can Germany learn from Denmark?. No. EME 2025-002. WZB Discussion Paper, 2025.

Schneider, Nathan. "Innovation amnesia: Technology as a substitute for politics." First Monday 29.11 (2024).

Schor, Larry I., et al. "The location of pain in cluster headache: Data from the International Cluster Headache Questionnaire." Headache: The Journal of Head and Face Pain 64.7 (2024): 783-795.

Seol, Sung-Soo. "New University Reform of Korea-Towards the 4th Role of University." Asian Journal of Innovation and Policy 13.2 (2024): 183-205.

Sharma, Ruchir. "Robots won't kill the workforce. They'll save the global economy."*Retrieved December*11 (2016): 2016.

Shearmur, Richard, and David Doloreux. "Urban hierarchy or local buzz? High-order producer service and (or) knowledge-intensive business service location in Canada, 1991–2001." The Professional Geographer 60.3 (2008): 333-355.

Sheffi, Yossi. The new (ab) normal: Reshaping business and supply chain strategy beyond Covid-19. Mit Ctl Media, 2020.

Shemesh, Merav, and Andrew Abir. "The changing nature of the financial system in Israel in the last two decades."

Shields, Michael P., and Gail M. Shields. "Estimating external returns to education in the US: a production function approach." Applied Economics Letters 16.11 (2009): 1089-1092.

Shishkin, A. V., and E. N. Mzhelskiy. "International Experience in Developing Marketing Strategies for Sustainable Transport

Development in Megacities." International Trade and Trade Policy 11.2 (2025).

Silver, Christopher. "Rescuing the Sinking City: A Strategy to Create Sustainable Megacity Jakarta." Development, Inclusion and Sustainability: Issues and Perspectives. Singapore: Springer Nature Singapore, 2025. 137-146.

Singh, Indira, and Jim Evans. "Natural resource-based sustainable development using a cluster approach." Mining, society, and a sustainable world. Berlin, Heidelberg: Springer Berlin Heidelberg, 2009. 183-201.

Sneath, Peter HA. "Numerical taxonomy." Bergey's manual of systematic bacteriology. Springer, Boston, MA, 2005. 39-42.

So, Samuel, et al. "The Cruel Optimism of Tech Work: Tech Workers' Affective Attachments in the Aftermath of 2022-23 Tech Layoffs."*Proceedings of the 2025 CHI Conference on Human Factors in Computing Systems*. 2025.

Solomon, Pierre, et al. "Integrative analysis of miRNA expression profiles reveals distinct and common molecular mechanisms underlying broad diagnostic groups of severe mental disorders." Molecular psychiatry (2025): 1-20.

Soni, Nidhi, et al. "Drones for Assessments: Internal and External Research Efforts." 2024 International Conference on Communication, Computing and Energy Efficient Technologies (I3CEET). IEEE, 2024.

Sonn, Jung Won, et al. "The path-dependent nature of smart city policies in South Korea: an evolutionary explanation."

International Development Planning Review (2025): 1-22.

Sriprasadh, K. "Mapping and Predicting the Human Conducts Through Internet of Behaviour (IoB)." Mapping Human Data and Behavior With the Internet of Behavior (IoB). IGI Global Scientific Publishing, 2025. 43-68.

Sun, Zhihua. "A study on the evaluation of competitiveness in the aviation logistics industry cluster in Zhengzhou." Scientific reports 14.1 (2024): 2659.

Sundar, S. Shyam, Daniel J. Tamul, and Mu Wu. "Capturing "cool": Measures for assessing coolness of technological products." International Journal of Human-Computer Studies 72.2 (2014): 169-180.

Tang, Chor Foon, and Muhamad Afiq Ikmal Rosidi. "Investigating the effects of ICT infrastructure on Malaysia's economic growth: Insights from the Solow growth model." Information Technology for Development 31.1 (2025): 124-139.

Tella, Taleat Adewale, et al. "Water and wastewater treatment in developed and developing countries: Present experience and future plans." Smart Nanomaterials for Environmental Applications. Elsevier, 2025. 351-385.

Ter Wal, Anne LJ. "Cluster emergence and network evolution: a longitudinal analysis of the inventor network in Sophia-Antipolis." Regional Studies 47.5 (2013): 651-668.

Temouri, Yama, et al. "The role of cluster ecosystems and intellectual capital in achieving high-growth entrepreneurship: evidence from Germany." Journal of Intellectual Capital 26.1 (2025):

1-24.

Tervo, Seela, Sanna Syri, and Pauli Hiltunen. "Reducing district heating carbon dioxide emissions with data center waste heat —Region perspective." Renewable and Sustainable Energy Reviews 208 (2025): 114992.

Tokhirovna, Toshalieva Saodat. "WAYS OF ECONOMIC DEVELOPMENT OF REGIONS: FOREIGN EXPERIENCES AND PRINCIPLES." The Conference Hub. 2025.

Trincado-Munoz, Francisco, et al. "Digital transformation in the world city networks' advanced producer services complex: A technology space analysis." Geoforum 151 (2024): 103721.

Truong, Thanh Hue, Bou-Wen Lin, and Ching-Pin Tung. "Strategic legislation for the promotion of university–industry collaborations: a case study of Taiwan." The Journal of Technology Transfer 50.1 (2025): 304-344.

Turner, Dan, et al. "M-RCBG Associate Working Paper Series| No. 252." (2025).

Van Leuven, Andrew J., and Edward W. Hill. "Legacy regions, not legacy cities: Growth and decline in city-centered regional economies." Journal of Urban Affairs 45.10 (2023): 1860-1883.

Vanatta, Sean H. Plastic Capitalism: Banks, Credit Cards, and the End of Financial Control. Yale University Press, 2024.

Velkova, Julia. "Data centres as impermanent infrastructures." Culture machine 18 (2019).

Velkova, Julia. "Retrofitting and ruining: Bunkered data centers in and out of time." new media & society 25.2 (2023): 431-448.

Vettriselvan, R. "Harnessing innovation and digital marketing in the era of industry 5.0: resilient healthcare SMEs." The Future of Small Business in Industry 5.0. IGI Global Scientific Publishing, 2025. 163-186.

Villavicencio, Nathaly, and Francisco Puig. "Five Hundred Years of Textile and Apparel Clusters' History in Ecuador: Location and Evolution of Its Firms." Latin American Business Review 26.1 (2025): 89-128.

Vincent, Jeffrey M., et al. "Education Workforce Housing in California: Developing the 21st Century Campus." (2022).

Vorley, Tim. "The geographic cluster: a historical review." Geography Compass 2.3 (2008): 790-813.

Wahlberg, Philip, and Mattias Anstrin. "Stockholms IT-kluster: En kvantitativ studie om hur agglomerationskrafter verkar inom IT-kluster." (2024).

Waisberg, Noah, and Alexander Hudek. AI for lawyers: how artificial intelligence is adding value, amplifying expertise, and transforming careers. John Wiley & Sons, 2021.

Wang, Yongbo. The Correlation Between County-Level Business Patterns and the Local People Migration in the Rust Belt Region. MS thesis. Georgetown University, 2025.

Wang, Dong, et al. "Water resource utilization and future supply-demand scenarios in energy cities of semi-arid regions." Scientific Reports 15.1 (2025): 5005.

Wang, Jen Chun, et al. "Utilization of government grants for funding: insights into STEM education teachers in Taiwan." Cogent Education 12.1 (2025): 2530904.

Wang, Yingxin, Montserrat Pallares-Barbera, and Ana Vera. "How the Danish Furniture Industry Gains a Competitive Advantage through Location Strategy-A National and Regional Cluster Analysis." (2025): 121-144.

Wang, Huanming, and Bing Ran. "Localizing public service provision in megacities: Vertical and horizontal empowerment." Cities 164 (2025): 106115.

Wei, Liu. "Economics and Mathematics." Dictionary of Contemporary Chinese Economics. Singapore: Springer Nature Singapore, 2025. 1063-1065.

Wells Miller, Bettye. "High flyer." Managing Service Quality: An International Journal 2.3 (1992): 153-156.

Williams, David M., and Quentin D. Wheeler, eds. The new taxonomy: A science reimagined. CRC Press, 2025.

Wilson, Robert H., and John B. Horrigan. "Development: Evidence from the." Regional Development and Conditions for Innovation in the Network Society (2005): 119.

Wooten, Michael E. "Growing Sunbelt Cities Are the Future of Urban Life. They Need a Resilient Power Infrastructure." (2024).

Yan, Simin, Pengfei Feng, and Anna Growe. "Regional metropolization in super mega city regions: Suburbanization and functional specialization in the Pearl River Delta." Transactions in Planning and Urban Research 4.1 (2025): 14-37.`

Yang, Yue, et al. "The Influence of "Industry–City–Innovation" Functional Mixing on the Innovative Development of Sci-Tech Parks Under the Background of Urbanization." Sustainability 17.8 (2025): 3715.

You, Hyun-Ah,. "The Evolution Process and Implication of The Korean Knowledge Industry Centers." Journal of the Economic Geographical Society of Korea 28.1 (2025): 38-51.

Zelbst, Pamela J., Gregory V. Frazier, and Victor E. Sower. "A cluster concentration typology for making location decisions." Industrial management & data systems 110.6 (2010): 883-907.

Zhang, Bo, et al. "Numerical taxonomy and genus-species identification of Czekanowskiales in China based on machine learning." Palaeontologia Electronica 27.1 (2024): 1-19.

Zhen, Shen, et al. "Beyond the Landlords: Exploring PerceptualAttributes and Benefits of Science Parks from an EcosystemPerspective." International Journal of Industrial Engineering and Management 16 (2) (2025): 113-123.

김경환. "지역산업정책 변화에 있어서 지역혁신 지원조직의 진화에 대한분석: 춘천바이오산업진흥원을 사례로." 한국지리학회지 14.1 (2025): 53-65.

김단아, 장석길. "인구감소지역 지원정책의 위계별 특징 분석: 중앙정부, 광역지자체, 기초지자체의 인구감소지역대응 기본계획을 중심으로." 도시행정학보 38.1 (2025): 1-22.

김보람. "지방자치단체 물 분야 행정의 분업구조 변화에 관한 탐색적 연구: 지방행정조직과 물 정책간 연결구조의 변화를 중심으로." 지방정부연구 27.4 (2024): 277-312.

김세훈. "뉴노멀 도시 구로의 현재와 미래." 환경논총 75 (2025): 34-45.

김윤혜, 김민이. "한국지식재산보호원: 국내· 외는 물론 온· 오프라인에서 우리 기업의 지식재산권 지키며 K-브랜드의 영토 넓힌다." 월간인물 117 (2025): 118-122.

김준모, 임성욱. "i-fashion 을 향한 제조업과 서비스업의 융합: 한국사례 중심으로." 품질경영학회지 49.4 (2021): 641-654.

김준모, 산성비의 활용과 지역 개발 지식나무 2024.

김준모 산성비 시대의 농업배출가스 트렌드 지식나무 2024

김준모 가뭄의 경제학 지식나무 2025

김진호. "미· 중 패권 경쟁에서 대만 반도체 산업과 안보." 한국동북아논총 30.1 (2025): 49-68.

성종현. "지역 문화콘텐츠 산업의 문화 기호학적 해석과 미디어 문화 커뮤니케이션 전략분석." 디지털 콘텐츠학회논문지 26.1 (2025): 69-79.

윤현선. 개발제한구역 해제를 통해 도입한 산업단지의 생산성 연구. Diss. 서울대학교 대학원, 2025

이학주, et al. "네트워크 토폴로지 기법 기반의 분산전원 수용용량 한계를 고려한 산업단지의 배전망 계획 수립." 전기학회논문지 74.3 (2025):385-391.

서비스 산업 배출 트렌드와 클러스터론

초판발행 2025년 9월 25일

지 은 이 김준모

펴 낸 이 김복환

펴 낸 곳 도서출판 지식나무

등록번호 제301-2014-078호

주 소 서울시 중구 수표로12길 24

전 화 02-2264-2305(010-6732-6006)

팩 스 02-2267-2833

이 메 일 booksesang@hanmail.net

ISBN 979-11-993878-3-6

값 16,000원